K.L.A.R. reality

# Verheimlicht

## Ein autobiografischer Jugendroman

Jenny Federson
Annette Weber (Hg.)

Verlag an der Ruhr

IMPRESSUM

K.L.A.R. reality

**Titel**
Verheimlicht – *Ein autobiografischer Jugendroman*

**Autorin**
Jenny Federson

**Herausgeberin**
Annette Weber

**Verlag an der Ruhr**
Mülheim an der Ruhr
www.verlagruhr.de

**Ab 13 Jahre**


**ISBN 978-3-8346-0796-6**

**Printed in Germany**

# INHALT

# Vorwort

„Mama ist tot"!
Diese Worte zogen mir den Boden unter den Füßen weg.
Als mein Vater den Satz zu mir sagte, weinte er so sehr, wie ich ihn mein ganzes Leben nicht hatte weinen sehen.
Ich war gerade mal 18 Jahre alt.

Mein eigenständiges Leben hatte doch gerade angefangen, und in allen Lagen war meine Mama meine beste Freundin gewesen. Sie war wie ein Engel für mich gewesen, meine Beschützerin.
Und jetzt sollte ich ohne sie zurechtkommen?
Wie sollte ich das machen?
„Mama ist tot." Warum jetzt, und warum gerade sie?
Niemals zuvor hatte ich mir Gedanken über den Tod gemacht.
Nie hatte ich überlegt, wie es wohl sein würde, wenn sie nicht mehr da wäre. Wie ich zurechtkommen sollte, wenn mir die Lebensgrundlage von einem Moment zum anderen weggenommen würde.
Natürlich gehört das Selbstständigwerden zum Erwachsenwerden dazu. Aber doch nicht so schnell und so traurig.

Wie sehr mich meine Mama geprägt hat, werdet ihr in den folgenden Kapiteln lesen. Vor allem aber möchte ich euch erzählen, wie sehr ihr Tod mich in den folgenden Jahren teilweise auf sehr negative Art verändert hat und wie sehr ich dadurch aus meinem geordneten Leben geworfen wurde.
Andererseits gab es auch positive Veränderungen, von denen ich euch ebenfalls berichten möchte.
Sicher ist auf jeden Fall, dass mich ihr Verlust bis heute beeinflusst.

# MAMAS LIEBLING

Ich wuchs in einem kleinen Dorf mit 1300 Einwohnern auf. Dort hatten wir ein Haus mit einem Garten. Meine Mama arbeitete halbtags, mein Vater war Angestellter in einer Firma, die ihren Sitz im Dorf hatte, und war den ganzen Tag über weg. Wir kamen finanziell ganz gut zurecht und konnten auch in den Urlaub fahren.
Außer mir gab es noch meinen großen Bruder und meine große Schwester. Sie waren sehr viel älter als ich.
Als Jüngste der Familie bekam ich die meiste Aufmerksamkeit meiner Eltern. Besonders für meine Mama war ich der kleine Liebling.

----

Wenn ich an meine Mutter zurückdenke, kommen mir so viele schöne Erinnerungen in den Sinn. Wir waren nicht nur Mutter und Tochter, in vielen Dingen waren wir auch wie Freundinnen.

Mama und ich sangen auch zusammen in einem gemischten Chor in unserem Dorf mit. Wir waren beide im Sopran.
Ich erinnere mich, wie wir uns immer gemeinsam fertigmachten, wenn wir einen Auftritt hatten. Dann mussten wir eine Uniform anziehen. Sie bestand aus einem blauen Kostüm und einem Tuch.
Während sich Mama vor dem Spiegel schminkte, machte ich die Tücher fertig, bügelte sie und verdrehte sie ineinander. Dann legte ich erst Mama das Tuch um, und sie half mir danach, mein Tuch umzubinden. Aufgeregt fuhren wir dann gemeinsam los und kamen fröhlich und erleichtert wieder, wenn der Auftritt gut gelaufen war.

– – – –

Mama stand mir auch bei, wenn ich von meinen Klassenkameraden oder anderen Kindern geärgert wurde. Das kam leider oft vor.
Einmal zum Beispiel stieg ich mit vielen anderen Schülern in den Bus. Ich fand nur noch in der Mitte des Busses auf den Treppen vor der hinteren Tür Platz und setzte mich dort hin.

Plötzlich kamen ein paar Schüler von einer anderen Schule auf mich zu und schlugen meinen Kopf gegen das Fenster. Aus den Augenwinkeln sah ich, dass sie einen schwarzen Edding in der Hand hielten. Sie lachten, zogen die Kappe ab und versuchten nun, mein Gesicht anzumalen. Ich wehrte mich, aber sie waren stärker als ich. Als ihnen der erste Strich direkt durchs Gesicht gelungen war, brachen sie in lautes Gelächter aus.
Zu Hause sah meine Mama mein bemaltes Gesicht.
„Was ist passiert?", fragte sie mich erschrocken.
„Die fingen im Bus an und kamen mit einem dicken Stift auf mich zu, schlugen zuerst meinen Kopf gegen die Fensterscheibe und malten dann mein Gesicht an", schluchzte ich.
Meine Mutter war entsetzt.
„Komm mit ins Bad", sagte sie dann.
„Wir versuchen, das wegzukriegen."
An die folgende Reinigungsaktion im Bad kann ich mich noch so gut erinnern, als wäre es gestern passiert. So ein Eddingstrich ist nicht so einfach zu entfernen. Wir nahmen

dazu die übel riechende Waschpaste, die mein Vater zum Reinigen seiner ölbeschmierten Hände benutzte. Meine Mutter holte eine Reinigungsbürste und rieb immer wieder über die schwarzen Stellen, bis ich tiefe Kratzspuren hatte. So richtig entfernen ließ sich das Zeug aber trotzdem nicht.
Solche gewalttätigen Übergriffe passierten immer wieder, und diese übel riechende Waschpaste wurde mein Begleiter in der damaligen Zeit.
„Du musst stark sein!", riet mir meine Mutter immer wieder, wenn ich total verzweifelt war. „Dann hört es eines Tages von alleine auf."
Aber das stimmte nicht. Es wurde teilweise sogar noch schlimmer. Das änderte sich erst, als ich die Schule wechselte und auf die Berufsschule kam.
Bei all diesen traurigen Erlebnissen stand mir meine Mutter bei.

– – – –

Diese und andere liebe Erinnerungen trage ich in meinem Herzen, wenn ich an meine Mutter denke.

# MEINE MUTTER STIRBT

Während des Berufsgrundschuljahres musste ich einmal in der Woche ein Jahrespraktikum absolvieren. Ich entschied mich, das Praktikum in einem Altenheim zu machen, das in der Nähe meines Wohnortes lag.
Dieses Praktikum gefiel mir sehr. Ich kam gut mit den alten Menschen und den Kollegen zurecht, und die Arbeit machte mir großen Spaß.
Neben den Routineaufgaben, wie Essen bringen, Betten machen oder Aufräumen, gefielen mir besonders die kreativen Arbeiten, die immer mal wieder zu tun waren. So musste ich mit den alten Menschen basteln, um die Stationen zu dekorieren, es wurde Kuchen gebacken, wenn jemand Geburtstag hatte, oder wir machten Gesellschaftsspiele.
So entstand schnell die Idee, dass ich später Altenpflegerin werden wollte. Ich bewarb mich um einen Ausbildungsplatz und bekam ihn.

Das Fachseminar, das ich dafür besuchen musste, lag zwar 40 Kilometer von meinem Heimatort entfernt, aber das war im Grunde kein Problem. Ich war es sowieso gewöhnt, lange Fahrten zu haben.

– – – –

Am 1. Oktober begann die Ausbildung.
Da unser Dorf weit von der nächsten größeren Stadt entfernt war, hatte ich durch meine Ausbildung immer einen vollen Tag. Ich stand morgens um 4.20 Uhr auf, machte mich zurecht und aß etwas. Um halb sechs verließ ich das Haus. Dann musste ich eine Stunde lang mit dem Bus zum nächsten Bahnhof fahren. Anschließend hatte ich eine Zugfahrt von zehn Minuten, bis ich an meiner Berufsschule angekommen war. Dort hatte ich theoretischen Unterricht. Mein Tag endete meist so gegen 15 Uhr. Nach der langen Rückfahrt war ich schließlich immer so gegen 16.30 zu Hause.

– – – –

So auch am 6. November.
Ich verließ um 5.20 Uhr unser Zuhause.

An diesem Tag hatte ich nachmittags frei. Das freute mich besonders. Es bedeutete nämlich für mich, dass ich zum Mittagessen zu Hause sein würde.
Auch meine Mutter freute sich.
„Dann können wir zusammen essen!“, meinte sie fröhlich. „Ich koche auch dein Lieblingsgericht.“
Vergnügt fuhr ich zur Schule.

– – – –

Aber an diesem Tag kam alles anders.
Zu unserer Überraschung erschien der Kursleiter plötzlich in der Klasse.
„Heute müssen Sie nachmittags bleiben“, erklärte er uns. „Sie bekommen praktischen Unterricht, damit Sie auf Ihren Einsatz vor Ort in vier Wochen vorbereitet sind.“
Ich seufzte. Damit fiel das gemeinsame Mittagessen mit meiner Mutter also aus.
Ich griff zu meinem Handy, versuchte mehrmals, sie anzurufen, erreichte sie aber nicht.
Das war seltsam.
Ich überlegte einen Moment lang. Dann fiel mir ein, dass meine Mutter vielleicht in der Wohnung meiner älteren Schwester war.

Sie hatte eine neue Waschmaschine bekommen, die von einem Techniker angeschlossen werden sollte.
Vielleicht würde meine Mutter mit ihr zusammen auf den Techniker warten.

– – – –

Ich ließ eine Zeit verstreichen, rief dann erneut zu Hause an.
Nun war es 13.30 Uhr. Wieder ging meine Mutter nicht ans Telefon.
Langsam wurde mir die Sache unheimlich.
Ich entschied mich schließlich, meinen Vater anzurufen.
„Ich versuche schon die ganze Zeit, Mama zu erreichen. Aber sie geht nicht ans Telefon. Kannst du wohl mal nach dem Rechten sehen? Ich komme nämlich erst heute Nachmittag nach Hause“, bat ich ihn.
„Mach ich!“, meinte mein Vater. „Ich kann gleich bei ihr vorbeifahren.“
„Alles klar, dann bis nachher“, rief ich ihm zu und legte auf.
Beruhigt ging ich danach zu meinem praktischen Unterricht.
Mein Vater rief mich danach nicht mehr an.

So ging ich davon aus, dass alles in Ordnung war.

----

Wir beendeten den Unterricht wie so oft um 15.00 Uhr, sodass ich wie immer um 16.30 Uhr zu Hause ankam.
Als ich in meine Straße einbog, bemerkte ich, dass ein rotes Auto vor unserem Haus stand, das ich noch nie zuvor gesehen hatte. Das wunderte mich zwar, aber es beunruhigte mich nicht. Wahrscheinlich war ein Besucher gekommen.
Ich zog meinen Hausschlüssel aus der Tasche und wollte die Tür aufschließen. Aber es ging nicht. Ein Schlüssel steckte von innen. Das war irgendwie merkwürdig. Ein bisschen unheimlich sogar.
Doch gleich darauf öffnete mein Vater die Haustür.
„Hallo!“, grüßte ich ihn kurz, legte meine Tasche ab und wollte in die Küche. Doch mein Vater stellte sich vor die Tür.
„Da kannst du jetzt nicht rein“, sagte er. Und mit dem Satz zog er mich ins Wohnzimmer.

Von dort aus gelangte man ins Esszimmer, und es führte eine Schiebetür in die Küche. Die Tür stand eigentlich immer offen. Doch an diesem Tag war sie geschlossen. Das erschien mir alles so unheimlich und so merkwürdig.
Ich schüttelte meinen Vater ab und versuchte erneut, in die Küche zu gelangen.
„Ich möchte etwas essen. Mama hat doch extra für mich gekocht“, sagte ich meinem Vater und ging zur Schiebetür, um sie zu öffnen.
In diesem Augenblick fing mein Vater an, zu weinen.
„Mama ist tot!“, sagte er.
Mit diesem Satz stürzte für mich eine Welt ein. Und ich brach einfach zusammen.

– – – –

Als ich erwachte, lag ich in meinem Bett. Mein Hausarzt war gekommen. Er beugte sich zu mir und untersuchte mich.
„Schwerer Schockzustand! Sie braucht Ruhe. Das ist das einzige Mittel“, ordnete er an.
Ich richtete mich auf. Waren sie alle verrückt geworden?

„Nein, nein, ich bin ganz in Ordnung. Ich muss doch morgen zum Fachseminar gehen“, sagte ich.
Die anderen schüttelten entsetzt den Kopf.
„Sie hat wahrscheinlich noch gar nicht begriffen, was dort in der Küche passiert ist“, erklärte der Arzt meinem Vater.
Immer noch glaubte ich, alles zu verstehen. Okay, meine Mutter war tot. Aber ich hatte am nächsten Tag mein Fachseminar. Dafür wollte ich jetzt lernen und dann natürlich am nächsten Tag dahin gehen.
„Ich muss jetzt Hausaufgaben machen“, sagte ich darum.
Und dann setzte ich mich tatsächlich an den Schreibtisch, als wenn das Leben einfach so weitergehen würde.

– – – –

Tatsächlich aber hatte ich einfach einen riesengroßen Schock. Was sich dort in der Küche abgespielt hatte, war so unbegreiflich für mich, dass ich es gar nicht aufnehmen und verstehen konnte.
Es durfte nicht sein, dass meine Mutter tot war. Sie war doch immer lebendig gewesen!

Das alles war so unbegreiflich und schrecklich, dass diese furchtbare Nachricht einfach nicht bis zu meinem Verstand durchdrang. Später fiel mir ein, dass mein Bruder benachrichtigt werden musste. Er wohnte zu der Zeit weit von uns entfernt, und so musste ich ihm am Telefon sagen, was passiert war. Er konnte es so wenig begreifen wie wir alle. Dann aber versprach er, sofort zu kommen.

– – – –

Meine Mama litt seit ihrer Kindheit an Epilepsie. Das ist eine Krankheit, bei der der Betroffene ganz plötzlich und unerwartet Krampfanfälle bekommt.
Die Anfälle meiner Mama waren schlimm und kamen außerdem recht häufig vor.
Kurz vor ihrem Tod bekam sie aber andere Tabletten, und damit ging es ihr viel besser als früher.
Deswegen verstand ich ihren frühen und schnellen Tod überhaupt nicht.
Bis heute weiß ich nicht, woran sie eigentlich gestorben ist.

– – – –

Die nächsten Tage blieb ich zu Hause. Ich wollte meinem Vater bei den Vorbereitungen für die Beerdigung helfen.
Was geschehen war, hatte ich nun zwar verstanden, aber begreifen konnte ich es trotzdem nicht. Ich saß ganz stumm im Esszimmer und starrte auf die Trauerkarten, die so nach und nach von den anderen Dorfbewohnern bei uns eintrafen. Einige Male fuhr ich auch mit meinem Vater zum Blumenladen, um die Beerdigung zu besprechen. Meine Oma, meine Schwester und mein Bruder begleiteten uns und blieben auch danach bei uns.
Es war eine schreckliche Zeit.
Die Tage vergingen langsam. Es waren Tage, an denen ich eigentlich alleine sein wollte. Immer wieder aber kam Besuch. Da meine Mutter in mehreren Vereinen Mitglied gewesen war, kamen viele Menschen vorbei, um uns ihr Mitgefühl auszusprechen.
Ich ließ sie reden, ließ mir die Hand schütteln und bedankte mich höflich. Schließlich meinten es alle gut.
Und doch konnte ich das, was hier passierte, einfach nicht fassen.

# 3

# DIE BEERDIGUNG

Meine Mutter wurde zunächst obduziert, weil die Todesursache nicht festzustellen war. Einige Tage darauf wurde ihre Leiche dann zur Beerdigung freigegeben. Sie wurde zunächst in die Leichenhalle gebracht.
Wir gaben dem Bestatter die Kleidung, ein dunkelblaues Kostüm, das wir für sie ausgesucht hatten. Außerdem wählten wir einen Sarg für sie.
Dann wollten wir in die Leichenhalle fahren. Als wir aus dem Auto stiegen, konnte man sehen, dass das Licht in der Halle angeschaltet war. Mein Vater hatte einen Schlüssel erhalten und öffnete die Tür.
In den beiden großen Hallen lag sie nicht. Mein Vater und ich durchquerten die Halle, meine Oma und meine Schwester waren dicht hinter uns. Wir fürchteten uns alle irgendwie vor dem Augenblick.
„Sie ist hier, in dem kleinen Raum", vermutete mein Vater nun.

Und da lag sie tatsächlich. Sie war noch gar nicht fertiggemacht worden und sah darum aus wie in dem Augenblick, als sie gestorben war, mit Blutspuren im Gesicht.
Ich war so geschockt, dass ich meiner Oma und Schwester rückwärts in die Arme fiel.
Meine Oma richtete mich wieder auf.
„Es ist, glaube ich, keine gute Idee, wenn Jenny zu ihr geht", sagte meine Oma.
„Sie sollte sie besser nicht so sehen."
„Ich will aber zu ihr!", rief ich.
Ich wollte unbedingt Abschied von ihr nehmen.
Wahrscheinlich wollte ich sie auch sehen, um das, was geschehen war, wirklich zu verstehen. Ich konnte irgendwie immer noch nicht fassen, dass sie wirklich tot war. Wenn sie mich nicht mitgenommen hätten, hätte ich das vielleicht nie verstanden.
Als die anderen merkten, wie wichtig es mir war, Abschied zu nehmen, ließen sie mich an den Sarg herantreten.
Meine Mutter lag dort und strahlte noch immer die Liebe aus, die sie mir all die Jahre über gegeben hatte. Ihre Augen waren geschlossen.

Ich beugte mich über sie, und meine Tränen fielen auf ihr Gesicht.
„Wir wollten noch so viel zusammen machen“, flüsterte ich.
„Tote leben in den Erinnerungen weiter“, sagt man immer.
Aber das tröstete mich nicht.

- - - -

In der Woche darauf wurde meine Mutter beerdigt.
Sie lag nun in der Leichenhalle in einem Sarg, der mit weißem Satinstoff ausgelegt war, und hatte ihr dunkelblaues Kostüm an.
Unsere Familie hatte einen Tag zuvor noch einmal Abschied von meiner Mama genommen und zusammen für sie gebetet.
Anschließend wurde über die alten Zeiten, Erfahrungen und Erlebnisse mit ihr geredet.
Ich ging noch einmal zu ihr und begann dann wieder, bitterlich zu weinen.
Am nächsten Tag würde der Sarg geschlossen werden. Das war dann der endgültige Abschied.

- - - -

Mit der Familie fuhren wir dann einen Tag später zu der Kirche, in der der Trauergottesdienst stattfand.
Als wir ankamen, war die Kirche schon fast voll. Nur die ersten paar Reihen für die nächsten Verwandten waren noch frei.
Wir nahmen dort Platz und beteten.
Aber wofür sollte man beten?
Für einen reibungslosen Ablauf und den einen oder anderen Sonnenstrahl?
Oder vielleicht, dass sie wieder aufwacht?
Nein, vielleicht eher dafür, dass der Herr sie zu uns auf die Erde geschickt hatte und wir in ihr so eine wundervolle Mutter hatten.
Wir sangen zunächst ein bekanntes Trauerlied. Dann begrüßte der Pastor die Anwesenden. Danach sollte die Lesung stattfinden.
Ich hatte mich bereiterklärt, diese Lesung zu halten. Das war einfach ein Geschenk, das ich meiner Mutter zum Abschied machen wollte.
Die Lesung kostete mich viel Kraft, aber ich hielt sie, wenn auch unter Tränen. Danach verließ ich das Pult wieder und setzte mich zu meinem Vater zurück.

– – – –

Eine halbe Stunde später war der Trauergottesdienst vorbei.
Wir fuhren zur Leichenhalle. Dort betete der Pastor noch einmal für meine Mutter. Anschließend wurde sie von Arbeitskollegen meines Vaters zum Friedhof gefahren.
Wir gingen als Familie hinter dem Wagen her. Das Grab meiner Mutter befand sich bei den Einzelgräbern. Ein großer Berg Erde lag schon da, die Gruft war ausgehoben.
Wir bildeten nun einen Halbkreis um das Grab. Ich sah die Sargträger dort stehen. Neben ihnen stand der Pastor. Er redete, doch ich konnte gar nicht verstehen, was er sagte.
Und jetzt kam der schlimmste Moment: Der Sarg mit meiner Mama wurde an Seilen hinunter ins Grab gelassen.
Ich stieß ein lautes „Nein“ aus.
Dann schlug ich die Hände vor mein Gesicht und weinte.
Mein Vater stützte mich, obwohl es ihm genauso ging wie mir.
Gemeinsam gingen wir nun zum Grab, und ich warf eine Rose auf den Sarg. Mein Vater schüttete eine Schaufel Erde dazu.

Dann verließen wir den Friedhof und fuhren zu einer Gaststätte. Hier kamen wir alle ein bisschen zur Besinnung und aßen eine Kleinigkeit.
Viele kamen nun auf mich zu und sprachen mir ihr Beileid aus.
„Was bist du für ein starkes und mutiges Mädchen", sagten sie mir. „Hältst die Lesung für deine Mutter am Tag der Beerdigung!"
Aber das hatte ich weniger für mich oder die Leute gemacht, ich hatte das vor allem für meine Mutter getan.
Ich hatte schon früher oft in der Kirche eine Lesung gehalten, und meine Mutter hatte mir danach immer gesagt, dass ich so eine angenehme Stimme hätte und gut lesen könnte.
Ich wollte ihr mit dieser Lesung für all die Unterstützung danken, die ich all die Jahre von ihr bekommen hatte.

# DEPRESSION

Die ersten Wochen nach der Beerdigung verbrachten meine Familie und ich damit, zu verstehen, dass es eine Person weniger im Haushalt gab. Man versucht, den Alltag zu organisieren, damit man wieder so weiter leben kann wie vorher. Aber tief in seinem Herzen hat man eine große Wunde. Sie tut so weh, dass man alles versucht, um nicht dorthin zu sehen.

Jede Ecke in unserem Haus erinnerte an meine Mama.

Mein Vater versuchte, die Dinge zu verändern, damit ich nicht von der Last der Erinnerung erdrückt wurde. Er gestaltete mein Zimmer anders, strich es neu an und kaufte neue Möbel. Doch das änderte nichts an meiner Traurigkeit.

Es schien mir so, als wenn mein Leben eine Grundlage verloren hatte.

----

Unruhig bereitete ich den praktischen Einsatz für meine Ausbildung vor und versuchte, soweit es ging, wieder in den Alltag zurückzukehren.
Dann begann der Praxisteil als Altenpfleger, also die Zeit, auf die ich mich eigentlich besonders gefreut hatte.
Diese Erfahrung war sehr einschneidend für mich.
Natürlich wusste ich, als ich den Beruf wählte, dass ich mit Krankheit und auch Tod zu tun haben würde. Aber wenn man selbst so plötzlich persönlich damit konfrontiert ist, wenn man erlebt hat, dass ein lieber Mensch stirbt, ist das ganz was anderes.
Kaum hatte ich mit dem praktischen Einsatz begonnen, ereigneten sich die ersten Todesfälle in dem Altenheim.
Das war einfach nur schrecklich für mich.
Immer wenn ich ein Zimmer betrat, in dem jemand lag, der gerade gestorben war, sah ich meine Mutter dort liegen. Ich lief weinend hinaus und war meist für lange Zeit nicht ansprechbar.

– – – –

Schließlich wurde es so schlimm für mich, dass ich die Ausbildung nicht mehr aushalten konnte.
Ich ging zu meiner Chefin.
„Ich halte das nicht mehr aus“, sagte ich.
„Ich glaube, ich habe unterschätzt, dass der Tod meiner Mutter so schlimme Auswirkungen auf meine Arbeit hat.“
Meine Chefin war sehr verständnisvoll.
„Ich empfehle dir, eine Therapie zu machen“, riet sie mir.
„Ich möchte außerdem die Ausbildung abbrechen“, erklärte ich. „Ich kann das einfach nicht mehr weitermachen.“
Auch dafür hatte meine Chefin Verständnis.
Das Fachseminar empfahl mir, eine Therapie bei einem bekannten Psychiater zu machen, um die Geschehnisse zu verarbeiten. Ich meldete mich dort an und bekam auch recht schnell einen Termin.
Dann kündigte ich.

– – – –

Mein Vater war enttäuscht. Es war ihm nicht recht, dass ich von heute auf morgen die Ausbildung abbrach und zu Hause blieb.

Ich erinnere mich noch, dass er mich irgendwann zur Seite nahm, um mit mir über meine Mutter und den Abbruch meiner Ausbildung zu sprechen.
„Vermisst du Mama?", wollte er wissen.
„Ich vermisse sie sehr", entgegnete ich.
„Ich kann einfach nicht verkraften, dass sie so plötzlich gestorben ist und dass der Tod überall so gegenwärtig sein kann."
„Das verstehe ich", entgegnete mein Vater.
„Darum kann ich auch die Ausbildung nicht weiter machen", erklärte ich ihm. „Immer mit diesem Tod zu leben, schaffe ich einfach nicht."
Mein Vater war traurig, aber er verstand mich.
Ich wusste, Mama hätte sich gewünscht, dass ich meine Ausbildung beendet hätte.
Sie hatte den Beruf so gerne gemocht.
Es hatte sie auch gefreut, dass ich gerne andere Menschen pflegte. Aber wir beide hatten nicht daran gedacht, dass der Tod eines lieben Menschen alles verändern könnte. So brach ich die Ausbildung ab und blieb von da an zu Hause.
Mein Vater ließ mich trotz seiner Bedenken in Ruhe.

Das Fachseminar verhielt sich sehr nett und verständnisvoll. Ich erhielt sogar noch das volle Geld für den Monat. Dann bekam ich Arbeitslosengeld.

– – – –

Kurz darauf ging ich zu meinem ersten Termin bei dem Psychiater. Am Anfang sprachen wir viel über meine Kindheit und über den Tod meiner Mama.
Immer noch war ich tieftraurig. Ich war niedergeschlagen und unfähig, etwas zu tun. Der Psychiater schrieb etwas auf seinen Rezeptblock.
„Ich schreibe dir mal ein paar Tabletten auf", sagte er. „Erst einmal sind sie dazu da, dich aus dieser tiefen Trauer rauszuholen. Sie beruhigen dich und machen dich einfach etwas gelassener."
Ich war damit einverstanden und holte sie mir aus der Apotheke. Sie taten mir wirklich gut: Ich war plötzlich wieder besser drauf und vergaß gelegentlich sogar die Trauer um meine Mutter.
Auch wurde ich wieder aktiver und unternehmungslustiger. Ich ging viel mehr raus

und versuchte, Leute zu treffen, Freunde aus dem Dorf.
Auch mein Vater ging wieder viel aus.
Er achtete wenig auf mich, und dass ich in psychiatrischer Behandlung war, hatte er gar nicht richtig mitbekommen.
Dann hatte ich keine Lust mehr, weiter zur Therapie zu gehen. Ich wollte einfach nicht mehr mit diesem Typen reden. Allein die weite Fahrt zu ihm war es mir überhaupt nicht wert. Ich konnte einfach nicht einsehen, wozu das ganze Gerede gut sein sollte.
Die Tabletten aber wollte ich weiterhin nehmen.
Ich rief den Psychiater an und sagte meine weiteren Termine bei ihm ab.
„Ich werde mir einen Psychiater suchen, der in meiner Nähe wohnt“, teilte ich ihm mit. „Der Weg zu Ihnen ist mir auf Dauer zu weit.“
Ob der Psychiater mir glaubte, weiß ich nicht. Aber er konnte ja sowieso nichts machen.

– – – –

An die Antidepressiva hatte ich mich mittlerweile gewöhnt und wollte sie unbedingt

weiter nehmen. Jetzt, wo ich keinen Psychiater mehr hatte, der sie mir verschrieb, musste ich sie mir auf andere Weise besorgen. Mir war plötzlich sehr klar geworden, dass ich sie brauchte, um zurechtzukommen. Ich lernte eine Bekannte kennen, die ebenfalls Antidepressiva bekam, und sie verschaffte auch mir welche. Aber das war natürlich nicht legal.
Nun nahm ich auch nicht mehr nur die verschriebene Menge von zwei Tabletten am Tag, sondern schluckte sie zu jeder Tageszeit. Immer wenn mich das Gefühl von Trauer oder Abgeschlagenheit überwältigte, brauche ich diese Tabletten.
Das führte dazu, dass ich meinen Tag nur noch nach den Medikamenten ausrichtete. Schon vor dem Frühstück nahm ich die erste Tablette. Manchmal schaffte ich es, die nächste wirklich erst abends zu nehmen. Aber nicht immer gelang es mir. Häufig, vor allem wenn das Wetter grau und trist war, brauchte ich schon gegen Mittag eine weitere.
Zuletzt schluckte ich sogar fünf bis sechs Tabletten täglich.

Wenn ich sie mal nicht nahm, war nichts mit mir anzufangen. Dann blieb ich den ganzen Tag über im Bett liegen und pennte.
Manchmal kam mein Vater zu mir und versuchte, mich zu wecken. Doch dann machte ich ihn sofort an.
„Lass mich in Ruhe, mir geht es nicht gut!", schrie ich dann.
Und ich meckerte so lange weiter, bis mein Vater verschwand.
Meine Mitmenschen litten sehr unter diesem Verhalten, denn ich war nicht mehr die alte Jenny, die mit Freunden rausging.
„Du bist so abweisend", sagten sie oft.
„Was ist los?"
Aber ich ließ niemanden an mich heran.
Mehr und mehr isolierte ich mich von ihnen.

- - - -

Meine Mutter war nun fast ein Jahr tot, aber ich kam immer noch nicht darüber hinweg.
Es gab Tage, an denen ich mir eingestehen musste, dass ich ohne die Tabletten nur noch schlecht gelaunt war.
Außerdem machten sie mich auch körperlich immer mehr zu einem Wrack. Meine Periode

kam nur sehr unregelmäßig oder blieb komplett weg. Auch war ich viel anfälliger für Krankheiten. Oft hatte ich unbestimmte Schmerzen überall, mir war übel, und ich musste mich häufig erbrechen. Auch Probleme mit den Nasennebenhöhlen oder Mittelohrentzündungen hatte ich so häufig wie nie zuvor.
Irgendwann nahm ich die Tabletten auch mit Alkohol ein, um die Wirkung zu steigern. Immer mehr Leute lernte ich kennen, die an Medikamente rankommen konnten. Die bat ich dann, mir Tabletten mitzubringen.
Mal versorgte mich eine ehemalige Kollegin mit Antidepressiva, mal waren es Bekannte, die selbst abhängig waren.
Diese Tabletten versteckte ich in meinem Zimmer im Schrank. Seit dem Abbruch der Ausbildung fehlte mir allerdings das Geld, um die Sucht auf Dauer zu finanzieren. So musste ich mir andere Alternativen ausdenken, um an Geld und Tabletten zu kommen. Häufig nahm ich das Geld von meinem Vater, das eigentlich für den Haushalt bestimmt war.

– – – –

Oft gab es Tage, an denen ich sehr schlecht drauf war. Das waren Tage, an denen mein Vater und meine Geschwister eigentlich hätten merken müssen, dass etwas mit mir nicht stimmte.
„Was ist mit dir los?“, fragten sie manchmal.
„Ich bin traurig wegen Mama“, antwortete ich dann.
Diese Erklärung reichte ihnen, und sie ließen mich in Ruhe.

----

Eines Tages besuchte mich meine Freundin Corinna.
Corinna und ich waren lange Zeit allerbeste Freundinnen gewesen. Wir hatten uns vor dem Tod meiner Mutter 2-mal die Woche gesehen, waren shoppen oder schwimmen gegangen. Auch unsere Eltern waren miteinander befreundet gewesen.
Corinna hatte sich besonders gut mit meiner Mutter verstanden.
„Hallo Maus, wollte dich mal besuchen kommen“, sagte sie und trat in mein Zimmer.
Sie beugte sich über mich und musterte mich aufmerksam.

„Du siehst aber nicht gut aus“, meinte sie dann. „Wir machen uns große Sorgen um dich. Du unternimmst immer weniger mit uns, und wenn es dann doch mal zu einem Treffen kommt, bist du betrunken und total blass. Was ist überhaupt los mit dir? Ich erkenne meine Freundin fast gar nicht mehr wieder.“
„Ich mache im Moment eine schwere Zeit durch. Wie würdest du dich denn fühlen, wenn deine Mama vor Kurzem erst gestorben wäre?“, entgegnete ich.
Aber meine Freundin wollte nicht darüber nachdenken.
„Stell dir vor, du müsstest deine Mutter jetzt pflegen. So ein schneller Tod war doch nur eine Erlösung für dich und für sie auch“, sagte sie.
Dabei grinste sie auch noch.
Ohne groß darüber nachzudenken, rief ich: „Dort ist die Tür. Auf so eine Freundin wie dich kann ich gut verzichten!“
Seit dem Zeitpunkt hatte ich keinen Kontakt mehr zu ihr.
Dieser Besuch bestätigte mich noch mehr in meiner Vorstellung, dass niemand mich

wirklich verstand und meine Gefühle den anderen völlig egal waren.

----

Zu dieser Zeit war es für mich unmöglich, einen Tag ohne Einnahme der Antidepressiva zu überstehen.
Um meine Sucht zu verheimlichen, versuchte ich, wieder am Gemeinschaftsleben teilzunehmen.
Ich spielte damals oft und gerne Volleyball und begann schließlich irgendwann wieder, zum Training zu gehen.
Immer wieder versuchte ich, in mein normales Leben zurückzukehren. Aber mit der Sucht nach den Tabletten wurde dieser Alltag immer schwerer für mich.
Am schwersten waren die Nächte.
Ich lag oft schlaflos im Bett und trauerte um meine Mama. Oft dachte ich darüber nach, wie sie das finden würde, wenn sie wüsste, wie mein Leben jetzt aussieht.
Zu Hause kam es häufiger zu Auseinandersetzungen zwischen meinem Vater und mir. Mein Vater hatte von meiner Sucht nichts mitbekommen.

„Es ist immer so wenig Geld da. Was machst du eigentlich damit?“, fragte er.
Ich sagte es ihm nicht.

- - - -

Zu dieser Zeit ging für mich vieles andere ebenfalls bergab.
Unser Familienleben veränderte sich zum Beispiel. Das Trauerjahr war noch nicht vorbei, aber mein Vater ging viel aus und machte sich auf die Suche nach einer anderen Partnerin.
„Papa wird sich eine neue Frau suchen.
Er ist noch nicht so alt, dass er bis zum Ende seines Lebens alleine bleiben will“, hatte mir meine Tante immer wieder gesagt.
Klar verstand ich das, aber es machte mich traurig, dass er es schon nach so kurzer Zeit tat.
Wenig später bat mich mein Vater, ein Foto von ihm für eine Kontaktanzeige zu machen.
Er versuchte, auf diese Weise eine neue Partnerin zu finden.

# LUKAS

Dann hatte meine Schwester Geburtstag und lud mich zu ihrer Feier ein.
Ich beschloss, hinzugehen, und machte mich für den Abend zurecht.
Auf der Feier waren viele Leute, einige kannte ich, andere hatte ich noch nie gesehen.
Auffällig fand ich einen Typen, der sehr gut aussah. Er war schick gekleidet und hatte seine Haare süß gestylt.
Auch er wurde gleich auf mich aufmerksam.
„Bist du die Jenny?“, wollte er wissen, „Lauras kleine Schwester?“
Ich nickte und setzte mich zu ihm.
„Wie heißt du?“, fragte ich ihn.
„Ich bin Lukas“, stellte er sich vor.
Wir unterhielten uns lange und verstanden uns sehr gut.
Irgendwie war es zwischen uns Liebe auf den ersten Blick.
Später verabschiedete er sich, weil er noch auf eine Cocktailparty wollte.

Ich blieb bei meiner Schwester.
Im Laufe des Abends kriegte ich plötzlich einen Anruf von einer Freundin. Sie war auf der Cocktailparty, auf der auch Lukas war.
„Ich glaube, dem hast du ganz schön den Kopf verdreht", sagte sie mir lachend.
„Der redet die ganze Zeit nur von dir."
Das machte mich total glücklich.

– – – –

Meine Schwester kriegte schnell mit, wie viel mir Lukas bedeutete, und so lud sie ihn und mich auch am nächsten Tag wieder ein.
Wieder redeten wir viel miteinander.
Es war so toll, sich mit ihm zu unterhalten.
Wir hatten einfach dieselbe Wellenlänge.
Trotzdem passierte erstmal nichts weiter zwischen uns. Wir saßen einfach nur da und redeten. Dann trennten wir uns wieder.
Abends rief mich Lukas dann noch einmal an.
„Weißt du was?", gestand er mir dann.
„Ich wollte dich eigentlich gestern den ganzen Abend küssen."
Ich musste furchtbar lachen.
„Dann sollten wir das morgen unbedingt machen", antwortete ich.

Am nächsten Abend trafen wir uns wieder, und dann küssten wir uns tatsächlich. Von da an waren wir zusammen.

– – – –

Es dauerte eine ganze Weile, aber nach einigen Wochen wagte ich es, Lukas von meiner Tablettensucht zu erzählen. Er sah mich nachdenklich an.
„Ich weiß, dass deine Mutter gestorben ist", meinte er dann. „Darum bist du natürlich unglücklich. Aber Tabletten sind keine Lösung. Lass die Finger davon. Ich will dich nicht verlieren, aber das werde ich, wenn du nicht aufhörst. Mit diesen Tabletten ist nicht zu spaßen."
Das berührte mich sehr.
Ich nahm zwar nun wirklich weniger Tabletten, aber ganz aufhören konnte ich nicht damit.
Dazu war ich einfach noch nicht bereit.

– – – –

Eines Abends beim Volleyballtraining passierte dann etwas, was mir endgültig bewies, dass es so nicht weitergehen konnte.

Wir spielten immer in einer großen Halle, und das Training machte sehr viel Spaß. Dennoch fühlte ich mich, wie so oft, abgeschlagen und total schlapp. Fast hatte ich das Gefühl, mein letztes Stündchen hätte geschlagen.
Mein Trainer bemerkte das auch viel zu schnell und legte eine Pause ein. Dann rief er mich zu sich in sein Trainerzimmer.
„Sag mal, Jenny, was ist mit dir los? Geht es dir nicht gut?“, fragte er mich.
Ich wollte etwas antworten, aber ich schaffte es nicht. Ich klappte einfach zusammen und war für einige Minuten nicht mehr ansprechbar.
Als ich erwachte, standen die anderen um mich herum.
„Der Krankenwagen ist schon unterwegs“, sagte mein Trainer zu mir.
In diesem Moment wurde mir klar, dass ich die Wirkung der Tabletten unterschätzt hatte. Ich hatte zwar schon viel weniger Tabletten genommen als früher, aber in Verbindung mit dem Sport hatten sie eine ungeheuere Wirkung.

– – – –

Der Krankenwagen kam an, und ein Sanitäter beugte sich über mich.
„Haben Sie in letzter Zeit häufiger Probleme mit dem Kreislauf?"
„Nein", sagte ich.
„Haben Sie heute schon was gegessen?", erkundigte er sich weiter.
„Nein", antwortete ich erneut.
„Waren Sie in den letzten Wochen mal bei Ihrem Arzt gewesen?", wollte der Sanitäter nun wissen.
Wieder verneinte ich.
Ratlos sahen die Rettungshelfer einander an. Dann packten sie mich auf eine Liege. Ehe ich mich versah, war ich unterwegs zum Krankenhaus.
Dort wurde ich untersucht. Dabei erkannte man wohl, dass ich etwas im Magen hatte, was dort besser nicht sein sollte.
Und dann ordneten die Ärzte etwas an, das ich bis dahin nur von Beschreibungen kannte. Mir wurde nämlich der Magen ausgepumpt. Ich sage euch, das ist so ein Scheiß-Gefühl. Man bildet sich ein, jederzeit den Arzt ankotzen zu müssen. Diese Schmerzen sind unbeschreiblich.

Danach hatte ich endgültig die Schnauze voll! Ich entschied mich nach vielen Gesprächen mit meinem Arzt für einen Entzug. Allerdings beschloss ich, ihn zu Hause durchzuführen. Ich legte mich dort also einfach ins Bett.
Mein Vater bemerkte zwar, dass ich wieder da war und es mir nicht gut ging, aber es war ihm im Grunde egal. Er war immer noch mit der Suche nach einer neuen Partnerin beschäftigt. Immer wieder traf er sich mit Frauen, die er durch Kontaktanzeigen kennengelernt hatte.
Ich konnte das schon irgendwie verstehen, aber es machte mich natürlich auch total traurig, dass er meine Mutter so schnell gegen andere Frauen austauschte. Mein Vater genoss es plötzlich richtig, wechselnde Partnerinnen zu haben.

– – – –

Immerhin hatte ich nun Lukas. Er war oft bei mir und unterstützte mich, wo er nur konnte. Wir redeten unheimlich viel miteinander. Manchmal kam er auch ein ganzes Wochenende zu mir.

Eines Abends – ich war gerade dabei, zu telefonieren – fiel mein Blick auf die Tabletten im Regal, die ich immer noch nicht weggeworfen hatte. Ich zögerte einen Moment lang. Dann gab ich mir einen Ruck, nahm sie und ging damit raus zu unseren großen Mülleimern. Dort entsorgte ich sie.
Als ich hochkam, betrachtete ich mein Zimmer mit ganz neuen Augen.
Jetzt wollte ich endlich wirklich ein neues Leben anfangen, ein Leben ohne Tabletten und ohne Heimlichkeiten.

– – – –

Aber so einfach ging es dann doch nicht.
Als Lukas an dem darauffolgenden Wochenende zu Besuch war, ging es mir überhaupt nicht gut. Ich musste ständig zur Toilette laufen, hatte Bauch- und Kopfschmerzen, und alles tat weh. Dazu kam noch ein Schwindelgefühl, wenn ich aufstand.
Schließlich musste ich mich übergeben.
Immer und immer wieder. Ich hatte das Gefühl, es kam alles raus, was ich seit Beginn meines Lebens zu mir genommen hatte.
Die ganze Nacht hing ich über der Toilette

und erbrach mich. Danach fühlte ich mich wieder so schlapp, dass ich kaum noch laufen konnte. Ich wusste genau, das waren jetzt die Entzugserscheinungen.

„Geh doch zum Arzt“, riet mir Lukas.

„Der kann dich dann genau untersuchen und dir helfen.“

Aber das tat ich nicht.

Ich wollte den Entzug alleine durchstehen.

– – – –

Es dauerte eigentlich nur zwei Monate, dann hatte ich die Sucht überstanden. Ich hatte außer an dem einen Wochenende noch nicht einmal schlimme Nebenwirkungen.

Als ich das alles hinter mir hatte, beschloss ich, eine neue Ausbildung zu beginnen. Ich bewarb mich um eine Stelle im Einzelhandel in der nächstgrößeren Stadt und bekam sie auch.

# ENDLICH EINE FAMILIE

Mein Vater war nun auf der Suche nach einer neuen Beziehung, mein Bruder und meine Schwester hatten ihre eigenen Wohnungen. Nur ich blieb übrig.
Ich lebte weiter im Haus meines Vaters, aber ich war überwiegend allein. Mein Vater arbeitete den ganzen Tag, abends ging er oft aus. Deshalb träumte ich davon, endlich eine eigene Familie zu haben, in der ich wieder einen festen Platz finden würde. Ich malte mir ein Leben mit einem liebevollen Ehemann und Kindern aus.

- - - -

In Lukas hatte ich einen tollen Freund. Wir waren oft zusammen, und immer hatten wir uns viel zu erzählen. Wir waren zärtlich zueinander und unternahmen viel gemeinsam. Es war eine richtig schöne Beziehung.
Dann wurde ich wieder krank. Ich hatte eine Blasenentzündung, die so schlimm und

schmerzhaft wurde, dass man mich ins Krankenhaus überwies. Lukas besuchte mich oft. Er arbeitete auf dem Bau, ganz in der Nähe des Krankenhauses, und kam dann auf dem Rückweg bei mir vorbei. Das fand ich total lieb.
Als es mir besser ging, setzten wir uns oft auf den Balkon und genossen die Sonne.

– – – –

So war es auch ein sonniger Tag, als Lukas mich erneut besuchte. Er setzte sich zu mir auf den Balkon, und wir redeten und scherzten miteinander.
Nach einer Weile stand Lukas auf.
„Ich muss jetzt gehen", sagte er und küsste mich zum Abschied. Dann verließ er den Balkon und mein Zimmer.
Nun war ich allein. Ich lehnte meinen Kopf gegen die Wand und genoss die Abendsonne.
Plötzlich öffnete sich die Tür erneut. Jemand trat ins Zimmer und kam dann auf den Balkon. Es war wieder Lukas. Aber irgendwas war merkwürdig an ihm. Erst konnte ich es gar nicht so genau sagen, aber dann fiel

mir auf, dass er die Hände so seltsam auf dem Rücken verborgen hielt. „Hat er eine Zigarette in der Hand?“, dachte ich noch. Plötzlich kniete Lukas vor mir nieder und hielt mir eine rote Rose entgegen.
„Willst du meine Frau werden und den Rest meines Lebens mit mir verbringen?“, fragte er mich.
Ehrlich gesagt, ich war völlig von den Socken. Alles hätte ich jetzt erwartet, nur nicht das. Es war so unglaublich romantisch und klassisch, wie man es sonst nur aus dem Fernsehen kennt.
Ich musste furchtbar lachen, und irgendwie war ich unglaublich gerührt.
„Ja, ich will“, antwortete ich.
Dann umarmten wir uns.
Natürlich heirateten wir nicht sofort. Wir waren schließlich erst kurze Zeit zusammen. Aber wir verbrachten einen unheimlich schönen Sommer miteinander.

– – – –

Als wir eineinhalb Jahre später immer noch zusammen waren, beschlossen wir, wirklich zu heiraten. Es war eine große Hochzeit,

wie sie auf dem Dorf üblich ist. Über 100 Leute kamen zu unserem Fest.
Zu dieser Zeit arbeitete Lukas noch. So hatten wir auch mit dem Geld durch mein Ausbildungsgehalt ein kleines, aber feines Einkommen.
Nach der Hochzeit zogen wir in eine eigene Wohnung. Diese Zeit war wunderschön.
Wir tapezierten die Zimmer gemeinsam und saßen manchmal lange in den leeren Räumen und träumten zusammen davon, wie unser Leben hier aussehen würde. Wir fühlten uns unheimlich glücklich.
Auch das Einrichten der Wohnung machte uns großen Spaß. Wir hatten viele gute Ideen, wie wir die einzelnen Zimmer gestalten könnten. Dazu bekamen wir einige Möbel und andere Sachen geschenkt, anderes kauften wir auf Raten.

– – – –

Doch dann bekam das erste Glück schnell erste Risse.
Eines Tages kam Lukas bedrückt von der Arbeit nach Hause.
„Der Chef wird mir kündigen“, erklärte er.

„Die Aufträge bleiben aus, und er will das Personal kürzen."
Ich glaubte ihm diese Geschichte, und er tat mir unheimlich leid.
Erst später erfuhr ich, dass Lukas zu der Zeit noch gar nicht seine Ausbildung beendet hatte – er hatte mir immer vorgegaukelt, schon Geselle zu sein. In Wirklichkeit aber hatte er schon 3-mal versucht, seinen Abschluss zu machen, war aber immer wieder durch die Prüfung gefallen. Zu der dritten Prüfung war er sogar gar nicht hingegangen. Das war dann auch der Auslöser dafür, dass der Chef ihn entlassen hatte.

– – – –

Ab jetzt war Lukas zu Hause und machte auch keine Anstalten, sich eine neue Arbeit zu suchen. Er erhielt Hartz IV. Ich bekam immer noch mein Ausbildungsgehalt, das aber nicht besonders hoch war. Mit diesem Geld kamen wir nun deutlich schlechter zurecht.
Durch die neue Situation war ich nun auch aufmerksamer geworden, was das Geldausgeben anging. Es störte mich sehr, dass Lukas seinen Hintern nicht zur Arbeit bewegte.

Noch mehr aber störte mich, dass er keine Schwierigkeiten damit hatte, mein weniges Geld mit vollen Händen auszugeben.

– – – –

Ich erinnere mich noch genau an den Tag, an dem mir zum ersten Mal bewusst wurde, dass wir völlig unterschiedliche Arten hatten, mit Geld umzugehen.
Es war der Tag vor meinem Geburtstag.
Wir wollten feiern und hatten Freunde eingeladen.
An diesem Tag hatten wir beide Geld bekommen, ich mein Gehalt, Lukas die Unterstützung vom Staat. Nun war ich der Meinung, dass hiervon zuerst die Miete, Telefon, Strom und die erste Rate für einen Kleiderschrank, den wir von unserem damaligen Vermieter erhalten hatten, bezahlt werden mussten.
Als ich vom Friseur aus der Stadt kam, bemerkte ich, dass Lukas in der Zwischenzeit Lebensmittel eingekauft hatte, die wir für meine Geburtstagsparty brauchten.
Zuerst freute ich mich, dass er daran gedacht hatte. Ausgelassen feierten wir den ganzen Abend.

Ein paar Tage später jedoch entdeckte ich in einem Schrank ein paar technische Sachen, die sich Lukas außerdem von dem Geld gekauft hatte. Es handelte sich dabei um Dinge, die wir gar nicht nutzen würden und uns auch überhaupt nicht leisten konnten.
„Was hast du da gekauft?", fragte ich Lukas verunsichert. „Hast du denn daran gedacht, unserem Vermieter das Geld für die Miete zu geben?"
„Ich dachte, du möchtest eine schöne Wohnung haben", rief Lukas verärgert.
„Das will ich ja auch", entgegnete ich. „Aber in erster Linie müssen wir Miete zahlen. Das kennst du doch schon aus den anderen Wohnungen, in denen du gewohnt hast. Denkst du, wenn Horst das hier sieht, wird er erbaut darüber sein, dass er seine Miete noch nicht bekommen hat?"
„Das muss er ja nicht erfahren", entgegnete Lukas kühl.
„Aber er wird es doch irgendwann merken, und dann wird er sich über uns ärgern", versuchte ich, ihm klarzumachen. „Außerdem müssen wir nun sehen, wo wir zusätzlich das Geld für die Miete herbekommen."

„Vielleicht haben wir ja wieder Geld, wenn er merkt, dass wir noch nicht bezahlt haben“, entgegnete Lukas.
Er war einfach unbekümmert und lebte für den Augenblick. Geld war eben dazu da, es auszugeben, damit er seinen Spaß hatte. So begannen wir schon am Anfang unserer Ehe, erhebliche Schulden zu machen.

– – – –

Knapp zwei Monate später erfuhren Lukas und ich, dass wir Eltern werden würden. Ich war schwanger, und wir beide freuten uns sehr. Kinder zu bekommen, hatten wir uns von Anfang an gewünscht.
Meine Familie freute sich ebenfalls.
Ich komme ja eher aus einem katholischen und konservativen Elternhaus. Bei uns war es üblich, früh zu heiraten und dann Kinder zu bekommen.
Klar hatte ich am Anfang typische Schwangerschaftssymptome, wie Übelkeit und Erbrechen. Aber insgesamt ging es mir sehr gut, und so setzte ich meine Ausbildung weiter fort. Besonders aber gefiel mir, dass ich nun immer einen Grund hatte, zu essen.

Neun Monate später wurde unser Sohn Emanuel geboren.
Ich beendete drei Monate danach meine Ausbildung mit einem guten Ergebnis. Eine lange Babypause machte ich nicht. Ich nahm nur die acht Wochen Mutterschutz nach der Geburt. In dieser Zeit machte ich sogar meine theoretische Einzelhandelsprüfung.
Da ich immer vorhatte, mein Abitur nachzuholen, meldete mich dann an einer Kolleg-Schule an. Hier konnte ich das Abitur auf dem zweiten Bildungsweg machen.
In dieser Zeit bekam ich natürlich kein Gehalt, und das passte Lukas nicht. Aber ich wollte es so und setzte es auch durch.
Ich bekam ja auch BAföG, sodass wir finanziell weiterhin abgesichert waren.

– – – –

Das Eheleben mit Lukas war allerdings weiterhin sehr anstrengend. Ich musste morgens früh aufstehen und zur Schule.
Wenn ich weg war, blieb Lukas im Bett liegen und kümmerte sich um gar nichts. Emanuel konnte schon früh laufen und hatte einen großen Bewegungsdrang. Er rannte stunden-

lang durch die Wohnung, aber niemand achtete auf ihn. Und obwohl Lukas doch zu Hause war, machte er fast nichts im Haushalt. Immer blieb diese Arbeit an mir hängen. Wenn ich müde aus der Schule kam, musste ich waschen, kochen und putzen, Emanuel versorgen und nebenbei auch noch Hausaufgaben machen und die Schule vorbereiten. Das hatte ich mir anders vorgestellt, und ich war oft wütend auf Lukas, der es sich so gemütlich machte.

- - - -

Dann wurde ich wieder schwanger. Wir wollten immer zwei Kinder haben und achteten deshalb nicht auf die Verhütung. Wenn es passiert, passiert es, dachten wir immer.
Aber diesmal wurde es schwieriger. Die Schwangerschaft strengte mich an, und ich kam nachmittags teilweise sehr übermüdet nach Hause.
Belastend war auch unsere finanzielle Situation. Zu den alten Schulden kamen neue. Immer war zu wenig Geld da, immer gab Lukas aber auch welches für sinnlose Sachen

aus. So kamen wir überhaupt nicht mehr auf einen grünen Zweig.

- - - -

An einem Nachmittag hatte ich eine Untersuchung bei meinem Frauenarzt. Als ich aus der Schule kam, fühlte ich mich hundemüde. So wollte ich vorher eine Kleinigkeit essen und mich etwas ausruhen.
An dem Tag war meine Schwägerin zu Gast, die mit Lukas ein Mittagessen vorbereitet hatte. Nach dem Essen war Emanuel eingeschlafen, und Lukas und Lydia beschlossen, die Wohnung zu putzen.
„Ich lege mich ein bisschen hin", sagte ich. „Ich bin heute wie gerädert."
„Räum den Tisch ab, und mach Emanuels Platz sauber", rief Lydia mir von nebenan zu.
Ich stand mitten im Raum und hatte das Gefühl, dass ich von einer Ecke in die andere gejagt werde.
„Lasst mich doch mal in Ruhe", sagte ich. „Ich bin so schrecklich müde. Ich möchte mich so gerne ein bisschen ausruhen."
In dem Moment schaltete Lydia den Staubsauger aus.

„Du bist schwanger, nicht krank", sagte sie klar und deutlich. „Du musst im Haushalt mithelfen. Ihr habt eine große Wohnung, die sauber gehalten werden muss."
In dem Moment fing ich an, zu weinen.
„Ich hatte einen langen Schultag, und jetzt bin ich total erschöpft. Ich habe gar keine Zeit mehr für mich. Lukas macht gar nichts im Haushalt. Ich bin immer diejenige, die kochen und Wäsche waschen muss. Lass mich doch bitte einmal in Ruhe! Ich muss gleich zum Frauenarzt und will einfach einmal kurz durchatmen!"
Mit den Worten verließ ich die Wohnung und fuhr zu meinem Termin.

– – – –

Die Arbeitsteilung blieb immer ein großes Problem zwischen Lukas und mir. Ich hatte immer häufiger das Gefühl, dass ich mehr im Haushalt machte und Lukas fast gar nichts. Dabei war er nicht berufstätig.
Ich dagegen ging zur Schule, und das war nicht immer ein Spaziergang.
Ich musste ganz schön viel lernen und arbeiten.

Diese ungerechte Arbeitsteilung machte mich immer wieder sehr ärgerlich. Wir stritten zwar viel darüber, aber wir kamen nicht wirklich auf einen gemeinsamen Nenner. Zuletzt konnte ich die ewigen Streitereien nicht mehr ertragen und schluckte meine Kritik runter.

– – – –

Im Jahr darauf kam nach Ostern unser zweiter Sohn Jean Luca zur Welt.
Während der Schwangerschaft unterbrach ich mein Abitur und blieb auch nach der Geburt noch für einige Monate zu Hause.
Unsere finanzielle Situation besserte sich nicht. Sie wurde sogar noch schlimmer, weil Lukas immer sehr viel rauchte und nun auch viel Geld für Alkohol ausgab.
Zuerst rettete uns das Elterngeld über die schuldenreiche Zeit, aber als es dann nach einem Jahr wegblieb, gerieten wir total an unsere Grenzen.
Grundsätzlich gab Lukas mir für alles die Schuld. Das machte mich sehr traurig, denn mir war nun schon lange klargeworden, dass wir lernen mussten, mit wenig Geld auszukommen.

# 7 NEUE WOHNUNG UND NEUER JOB

Allein schon unsere Wohnung war im Grunde viel zu teuer für uns.
Wir suchten die Anzeigen im Internet durch. Irgendwann fanden wir eine, die sich gut anhörte. Die angebotene Wohnung war recht groß und dazu billiger als die alte.
Sie war gar nicht weit von der jetzigen entfernt.
Wir riefen den Vermieter an und verabredeten einen Besichtigungstermin mit ihm.
Die Wohnung war perfekt, und wir beschlossen sofort, sie zu nehmen.
Dann erzählte uns der Vermieter, der sehr nett zu uns war, auch von den anderen Mietern.
„Der Hausmeister wohnt hier direkt neben Ihnen", erklärte er. „Und in der Wohnung gegenüber wohnt die Besitzerin des Studios, das sich unten im Haus befindet."
„Welches Studio?", fragte ich neugierig.

Ich hatte schon gesehen, dass ein Schild an der Einfahrt des Grundstückes stand. Der Vermieter druckste eine Weile herum. „Naja, das ist so ein SM-Studio“, erklärte er dann.
SM? Ich war total verblüfft. Ein Sado-Maso-Club? Hier? Ich hatte von solchen Studios früher schon mal gelesen: Dorthin gehen Menschen, die sexuelle Befriedigung erlangen, indem ihnen Schmerzen zugefügt werden. Ich war völlig perplex: Nie hätte ich gedacht, dass es so etwas in unserer Stadt gibt. Aber so war es tatsächlich. In unserem Haus, direkt unter unserer Wohnung, war ein SM-Studio. Das fand ich eigentlich richtig spannend.

– – – –

Da diese Wohnung so groß wie unsere alte, aber eben viel billiger war, zogen wir dort so schnell wie möglich ein.
Lukas hatte immer noch viel freie Zeit, die er gerne in der Kneipe nebenan verbrachte. Schnell freundete er sich mit dem Besitzer an. Auch mit einer Angestellten des SM-Studios kam er in Kontakt. Sie hieß Jacqueline.

Er erfuhr von ihr, dass dieses Studio nicht nur ein SM-Studio war, sondern nebenbei auch noch einen „normalen“ Bordellbetrieb hatte.
„Ich würde gerne mal wissen, wie es da drin aussieht“, sagte ich zu Lukas.
Auch er war neugierig. Aber wir trauten uns nicht, dort vorbeizugehen.
„Wollen wir mal nachschauen, ob die eine Homepage im Internet haben?“, schlug Lukas vor.
Das war eine perfekte Idee. Wir googelten und fanden tatsächlich dieses Studio im Internet. Gemeinsam schauten wir uns die Homepage an. Alles sah eigentlich ganz gemütlich aus.
Es war aber irgendwie ein seltsames Gefühl, solche Nachbarn zu haben.

– – – –

Obwohl wir nun in einer billigeren Wohnung lebten, erdrückten uns die vielen Schulden immer noch. So beschloss ich, ein wenig Geld durch Putzen dazuzuverdienen.
Eines Tages traf ich Chefin des Bordells im Treppenhaus. Gleich hoffte ich, bei ihr einen Job zum Putzen zu bekommen.

„Hallo ich heiße Jenny, ich wohne nebenan“, stellte ich mich vor. „Ich wollte fragen, ob ich eventuell bei Ihnen putzen könnte?
Ich suche dringend eine Möglichkeit, Geld zu verdienen.“
Die Frau lächelte. „Ja, ich könnte Sie wirklich gut gebrauchen. Am besten sofort. Wegen dem Auszug brauche ich dringend jemanden, der mir das Treppenhaus wischt“, entgegnete sie.
„Das würde ich gerne machen“, freute ich mich.
Die Frau streckte mir ihre Hand entgegen. „Lass uns du zueinander sagen“, schlug sie vor. „Ich heiße Sandra. Und ich würde dir sechs Euro die Stunde geben.“
Das war ein tolles Angebot, und ich nahm es sofort an. Dann reinigte ich das Treppenhaus und erhielt sogar zwölf Euro dafür.

----

Ein paar Tage später traf ich Sandra wieder. „Hast du mal kurz Zeit für ein Gespräch?“, fragte sie mich.
„Ja klar“, antwortete ich und hoffte auf eine weitere Möglichkeit, für sie putzen zu dürfen.

„Komm doch mal kurz mit in mein Studio", sagte sie und öffnete die Tür zum Bordell. Jetzt sah ich die Räume mal live, die ich mir vorher schon im Internet angeschaut hatte. Es waren helle, sehr großzügig geschnittene und freundlich eingerichtete Zimmer.
Die Räume rochen gut. Sie waren luxuriös ausgestattet, mit vielen Sofalandschaften, in schwarzen, roten und orangen Farbtönen gehalten. Dadurch entstand eine freundliche, warme Atmosphäre.
Davor lagen die eigentlichen Zimmer, in die sich die Frauen mit ihren Kunden zurückzogen.
Sandra folgte meinem Blick aufmerksam.
„Kennst du eigentlich Leute, die in Bordelle gehen?", wollte sie wissen.
Ich nickte: „Ja, ich kenne welche."
Ich hatte nämlich Bekannte, die erzählten, dass sie in solchen Kreisen verkehrten.
Wir unterhielten uns weiter, und irgendwann kam das Gespräch auf unsere schwierige finanzielle Lage.
„Manchmal weiß ich gar nicht mehr, wie ich aus diesem Schuldenberg rauskommen soll", seufzte ich.

„Könntest du dir vorstellen, hier bei uns im Bordell zu arbeiten und so etwas zu machen?“, fragte mich Sandra und zeigte dabei auf die hinten liegenden Zimmer.
Ich dachte nach.
Im Grunde fand ich diese Arbeit gar nicht so schlimm. Sie erschien mir sogar irgendwie spannend. Ich dachte in erster Linie daran, mich schick zurechtzumachen und dann von den Männern umgarnt zu werden.
Vor allem aber würde uns so ein Job schneller aus unseren Schulden retten, als wenn ich putzen ginge.
„Ja, ich glaube schon, dass ich hier arbeiten möchte“, antwortete ich und dachte an das viele Geld. Dann überlegte ich. Was würde Lukas dazu sagen?
„Ich muss das aber mit meinem Mann absprechen“, fügte ich dann hinzu.

– – – –

Nach dem Gespräch ging ich los, um Lukas zu suchen.
Er war gerade in einer anderen Wohnung und half dem Bewohner, einen Kleiderschrank aufzubauen.

„Lukas, ich habe mich gerade mit Sandra unterhalten“, begann ich vorsichtig. „Hättest du was dagegen, wenn ich in ihrem Laden arbeite?“
Lukas war überrascht und auch enttäuscht. „Warum willst du das machen?“, fragte er mich verwirrt.
„Ich mache es doch für uns“, entgegnete ich. „So spannend ist unser Sexleben im Moment nicht, und an Geld mangelt es uns doch auch an allen Ecken und Enden.“
Lukas zögerte. Er war nicht besonders begeistert.
„Von mir aus!“, sagte er dann.
Für mich bedeutete das, dass er einverstanden war. Darüber war ich sehr froh. Aber ich wollte ihn trotzdem noch richtig überzeugen. „Lass uns heute Abend noch mal genau überlegen, ob ich das wirklich machen soll“, bot ich Lukas an.

– – – –

Als wir abends alleine waren, überlegten wir noch einmal hin und her.
Da war einerseits dieses Gefühl, dass ich tiefer und tiefer sinken würde, wenn ich so einen

Job annähme. Andererseits aber wussten wir auch, dass uns diese Arbeit endlich aus den Schulden bringen würde.
Wir diskutierten und diskutierten.
Was würde das für unsere Ehe bedeuten, wenn ich dort arbeiten würde? Würde Lukas eifersüchtig sein? Und ich, würde ich mich vielleicht in einen anderen verlieben? Würde ich noch Spaß am Sex haben, wenn das alles zur Routine würde?
Fragen über Fragen.
„Lass es uns ausprobieren", schlug ich vor. „Wenn uns diese Arbeit Probleme bereitet, höre ich sofort wieder auf."
Lukas stimmte schließlich zu.
„Aber versprich mir, dass du niemandem erzählst, dass ich so etwas mache", bat ich ihn.
Das versprach mir Lukas ganz fest.
Niemand sollte von dieser Arbeit erfahren. Ich wollte ein Doppelleben führen – die ganz normale Jenny, Mutter von zwei Kindern und Ehefrau von Lukas tagsüber, nachts die Jenny in Sandras Bordell.

# EINE ZWEITE IDENTITÄT

Als ich Sandra endgültig zugesagt hatte, war ich sehr aufgeregt.
„Komm, Lukas, lass uns in die Stadt fahren. Ich muss mir ein paar Kleidungsstücke für die neue Arbeit kaufen“, sagte ich.
Das sah Lukas ein.
So fuhren wir in die Stadt und bummelten durch die Kaufhäuser. Ich kaufte mir ein Kleid, Schuhe, Oberteile und Röcke.
Es handelte sich hierbei aber nicht um etwas Exotisches in Lack und Leder oder so, sondern um ganz normale, schicke Sachen, wie man sie auch zu Diskobesuchen oder Feiern trägt.
Ein neues Kleid zog ich an meinem ersten Arbeitstag dann auch an.
Ich weiß noch genau, wie Lukas mich misstrauisch beobachtete, während ich mich für die Arbeit umzog, frisierte und schminkte.
„So schick machst du dich für mich nie“, brummte er.

„Das stimmt nicht. Wenn wir ausgehen, mache ich mich auch schön!“, erwiderte ich. „Aber die Hausarbeit mache ich natürlich nicht im weißen Kleid.“
Lukas knurrte nur verärgert.
Dann ging ich los und ließ Lukas alleine.

- - - -

Ich betrat den Barbereich. Sofort kam Sandra auf mich zu.
„Hallo Jenny, das ist ja nett, dass du bei uns aushilfst“, begrüßte sie mich. „Ich will dir gleich deine Kolleginnen vorstellen. Hier sind Jacqueline, Vanessa, Rosa, Chantal und Yvonne.“
Ich reichte allen die Hand und wurde herzlich begrüßt.
Jacqueline war die Frau, die Lukas vor einigen Wochen kennengelernt hatte.
Mit ihr verstand ich mich auf Anhieb.
Später wurden wir richtig gute Freundinnen.
An dem Abend war lange nichts zu tun.
Wir saßen einfach nur unsere Zeit ab und unterhielten uns. Dabei lernte ich die anderen gut kennen, denn alle erzählten mir etwas von sich.

Meine Kolleginnen und ich spielten hier in der Bar je einen besonderen Typ von Frau. Diese Rollen hatte sich unsere Chefin für uns ausgedacht. Die Namen aber konnten wir uns selbst aussuchen.
Ich nannte mich Juliana und verkörperte den typischen, unschuldigen Mädchentyp, der endlich erwachsen werden wollte.
Rosa war die älteste, sie präsentierte sich als sehr selbstbewusste Frau, die vor allem Männer ansprach, die auf Rundungen und weibliches Aussehen standen.
Chantal war dunkelhäutig und schon deswegen etwas Besonderes.
Jacqueline verkörperte die gereifte Junggesellin, die es vor allem verstand, die Männer um den Finger zu wickeln.
Yvonne verkörperte vor allem den Schulmädchentypus.
Vanessa war die Frau mit der meisten Erfahrung. Außerdem sah sie auch von uns allen am besten aus. Sie legte sehr viel Wert auf ihr Äußeres. Sie war allein durch ihr Auftreten das komplette Gegenteil von uns anderen. Wenn sich ein Mann zu ihr setzte, wagten wir gar nicht, dazwischenzufunken.

Übrigens gibt es dazu in jedem Barbereich eigene Regeln.
Bei uns war es so, dass die Männer die Frauen ansprachen, und nicht, wie vielleicht in anderen Bars, die Frauen auf die Männer zugingen.

----

Um 23 Uhr dann öffnete sich die Tür, und drei junge Männer betraten die Bar.
Einer von ihnen ging direkt auf mich zu.
„Möchtest du etwas trinken?", fragte er mich.
Das war das Stichwort. Ich ließ mich zu einem Getränk einladen und setzte mich zu ihm.
„Woher kommst du?", fragte ich.
Er nannte einen Ort, der weit weg lag.
Ob er da wirklich wohnte … ob es diesen Ort überhaupt gab … im Grunde spielte das alles keine Rolle.
Es war Smalltalk, den wir führten, denn eigentlich warteten wir nur auf eine Frage.
„Würdest du mit mir aufs Zimmer gehen?", fragte er.
Das war die Frage schlechthin. Ab diesem Zeitpunkt wusste man: Jetzt gibt es Geld.

Es ist nämlich so in einem Barbetrieb, dass man nur dann etwas verdient, wenn man von jemandem mit ins Zimmer eingeladen wird. Wenn keine Kundschaft da ist und man nur herumsitzt, verdient man nichts.
So sind diese „Arbeitsplätze" kein Risiko für einen Chef.
Er zahlt nicht für dich, wenn du nur anwesend bist.

– – – –

Sandra hatte mich genau darüber informiert, wie ich vorzugehen hatte, wenn jemand mit mir aufs Zimmer gehen wollte.
Zuerst musste ich das Geld einfordern.
Das brachte ich dann zu Sandra.
Der neue Kunde hatte mich für 20 Minuten gebucht. 60 Euro musste er dafür zahlen, davon gingen 40 an mich und 20 an Sandra.
Sie notierte sich die Einnahmen und legte das Geld in die Kasse.
Danach nahm ich mir zwei bis drei Kondome mit.
Nun ging ich mit meinem Kunden in das angrenzende Zimmer.
„Welche Vorlieben hast du?", fragte ich ihn.

Der Kunde bemerkte natürlich schnell, dass ich noch blutjunger Anfänger war. Da er mich nur für 20 Minuten gebucht hatte, blieb gar nicht viel Zeit für irgendwelche Extravaganzen. Du spulst praktisch nur dein Programm ab, fertig.
Dieses Programm kann man wirklich ein bisschen mit dem Computer vergleichen:
anmachen,
hochfahren,
benutzen,
runterfahren,
ausstellen.
Dann ging der Typ.
Er war an dem Abend mein erster und letzter Kunde.
Es war leider nicht mehr viel los, sodass ich auch nichts mehr zu tun bekam.
Morgens um 5.00 Uhr schloss die Bar. Ich kehrte mit 40 Euro in die Wohnung zurück.

– – – –

Bald verdiente ich schon genug, um so nach und nach unsere Schulden abzuzahlen.
Mit dem Beginn dieser Arbeit begann auch für mich eine neue Ära. Ich legte mir irgend-

wie eine andere Identität zu. Das lag zum einen daran, dass ich ja nicht mit meinem bürgerlichen Namen dort anschaffte, sondern jetzt „Juliana" hieß.
Zum anderen musste ich eine Person spielen, die ich eigentlich überhaupt nicht war.
In diesem Job ging es nun mal darum, so viele Kunden wie möglich mit aufs Zimmer zu locken und das Geld für die angebotenen Dienstleistungen einzunehmen. Je mehr Kunden man hatte, desto mehr Geld nahm man mit nach Hause.

– – – –

Wenn man jedoch meint, das sei alles ganz einfach, hat man sich getäuscht.
Dieser Beruf ist alles andere als leicht.
Man musste sich sehr auf seine Kunden einstellen und den Männern alle möglichen Wünsche erfüllen. Allerdings sollte man jetzt nicht glauben, dass sie irgendwelche perversen Sachen forderten. Die meisten Männer wollten ganz normalen Geschlechtsverkehr.
Das Alter unserer Kunden war sehr unterschiedlich, von jung bis ganz alt war alles dabei.

Man konnte die Kunden eigentlich in drei Gruppen einteilen: Einmal kamen verheiratete Männer, die ihre sexuellen Vorlieben in ihrer Partnerschaft nicht ausleben konnten, dann gab es schüchterne, die keine Partnerschaft hatten, oder es kamen welche, die es besonders reizte, sexuelle Erfahrungen mit einer Prostituierten zu haben.
Natürlich gab es auch Männer, die besondere Wünsche hatten.
Einige wünschten sich sadistische, mit Schmerz verbundene sexuelle Praktiken.
Andere forderten seltsame Rollenspiele, wie z.B. Krankenschwester- oder Doktorspiele.
Doch darauf ließ ich mich nicht ein.
Es gab aber andere Kolleginnen, die sich auf so etwas spezialisiert hatten.

– – – –

Wie ich schon beschrieben habe, waren wir alle auf unsere besonderen Rollen festgelegt. Trotzdem waren wir natürlich auch Konkurrenten. Wenn ein Mann in die Bar kam, versuchten wir, unsere Vorzüge zu zeigen, und jede wollte sich erotischer präsentieren als die anderen. Natürlich war klar, dass wir auch

versuchten, uns gegenseitig die Männer auszuspannen.
Es war ein ganz normales Konkurrenzbestreben, wie man es auch unter verschiedenen Firmen findet. Jeder versucht eben, den größeren Gewinn zu machen – für sich selbst und natürlich auch für den Barbetrieb. Das Konkurrenzverhalten war vor allem groß, wenn eine lange Zeit wenige oder gar keine Kunden kamen.
Wenn dann ein Mann die Bar betrat, hatten wir alle das Bedürfnis, uns diesen einen Kunden zu „schnappen". Dieser setzte sich dann meist zwischen uns Frauen, und wir alle buhlten um seine Gunst. Zwar bemühten wir uns alle, den Mann für uns zu gewinnen, jedoch artete der Konkurrenzkampf nie so weit aus, dass wir die Kolleginnen vor dem Kunden schlecht machten.
Manchmal war es aber auch so, dass der Kunde vorher bereits der Chefin anvertraut hatte, welches Mädchen er für einen möglichen Zimmerbesuch „buchen" wollte.
Wenn ich mit einem Kunden dann aufs Zimmer ging, hatte ich für mich klare Regeln aufgestellt. Ich schickte ihn z.B. wieder aus

dem Zimmer, wenn er kein Kondom benutzen wollte. Die anderen Frauen machten das auch so.

# ERSTE SCHWIERIGKEITEN

Irgendwann begannen für mich die Identitätsprobleme.
Morgens ging ich ganz normal zur Schule.
Abends arbeitete ich dann in der Bar.
Außerdem hatte ich zu Hause noch mein Familienleben, meinen Mann und die Kinder.
Ich vermischte die Gestalten der privaten „Jenny“ und der beruflichen „Juliana“ miteinander, und das wurde ein riesiges Chaos.

– – – –

Meine Chefin hatte an einem Freitagabend eine Mottoparty organisiert, zu der wir uns besonders schick machen sollten.
Ich trug an diesem Abend ein langes Abendkleid.
Es wurde nach kurzer Zeit ziemlich voll in der Bar. Wir saßen auf einer Couch, und seit Langem waren wirklich mal so viele Männer wie Frauen da, sodass jede eigentlich einen Kunden hätte abkriegen können.

Das war sehr entspannend. Wir wussten, jede von uns kann jetzt Geld verdienen. Niemand musste einer anderen den Mann ausspannen.
Auf einmal klingelte es wieder.
Ein neuer Gast betrat die Bar. Wir sahen uns alle erwartungsvoll um. Doch als ich den Gast sah, traf mich fast der Schlag: Es war mein Mann!
Er betrat den Raum und setzte sich an die Bar.
Sandra, unsere Chefin, sah mich unglücklich an.
Obwohl – so unglücklich musste sie im Grunde ja auch nicht sein – mein Mann hätte ja auch ein Kunde sein können.
Ich fühlte mich jetzt unwohl, irgendwie beobachtet. Diese Bar war mein Arbeitsbereich, und da hatte mein Mann nichts zu suchen.
Ich wollte mich hier nicht von ihm kontrollieren lassen!
Lukas setzte sich an die Bar und bestellte sich etwas zu trinken.
Ich versuchte, ihn zu ignorieren, so gut ich konnte.

– – – –

Plötzlich kam ein junger Mann auf mich zu und setzte sich zu mir. Er sah mir aufmerksam in die Augen. Mein Herz begann plötzlich, lauter zu schlagen als vorher. Was wollte er von mir?
„Ich heiße Pascal", stellte er sich vor. „Als ich die Bar betreten habe, bist du mir sofort aufgefallen! Aber du bist ja vergeben, wie mir dein Mann an der Bar dort verriet."
Er lächelte. „Er hat mich aber ermuntert, zu dir zu gehen, damit du auch was zu tun bekommst."
Ich wusste überhaupt nicht mehr, was ich sagen oder denken sollte. Warum hatte mein Mann das gemacht?
Einerseits spielte er gerne den betrogenen Ehemann, andererseits hetzte er mir die Kunden geradezu auf den Hals.
Das war ja nur noch peinlich. Ich wusste gar nicht, was ich davon halten sollte.
Jetzt sah mich dieser Pascal lange an.
„Ich muss dir ehrlich sagen, dass ich mich sofort in dich verliebt habe", flüsterte er mir zu.
Mir lief es kalt den Rücken runter. Ich würde jetzt lügen, wenn ich sagen würde, dass ich

von so einer Situation nicht schon mal geträumt hatte.
Im Grunde genommen hatten alle in der Bar diesen Pretty-Woman-Traum: Ein reicher Mann verliebt sich in eine Prostituierte, heiratet sie und bietet ihr danach ein schönes Leben ohne Arbeit.
Ich glaube, bei uns gab es niemanden, der nicht von so einem tollen, reichen Mann träumte, der sie aus diesem Milieu herausholte.
So war ich sehr angerührt, als sich Pascal nun näher zu mir herüberbeugte.
„Ich wäre so gerne mit dir zusammen", sagte er nun. „Lass dir das Verhalten deines Mannes nicht gefallen!"
Das berührte mein Herz zutiefst. Er sprach mir direkt aus der Seele, denn ich war unglaublich verletzt über Lukas' Benehmen.
Einerseits tat er so, als wäre er der ach so beleidigte Ehemann, andererseits war er hinter dem verdienten Geld von mir her und nutzte jede Gelegenheit, an noch mehr Geld zu kommen.
Damit alles so lief, wie er es wollte, zog er im Hintergrund die Fäden.

Das habe ich aber erst hinterher erfahren. In dieser Zeit durchschaute ich das alles noch nicht und ließ mir Lukas' hinterhältiges Verhalten einfach gefallen.

- - - -

Pascal gefiel mir sehr. Darum hielt ich fast den Atem an, als er nun zu meiner Chefin ging.
„Ich möchte mit Juliana aufs Zimmer gehen", sagte er.
Meine Chefin nickte und kassierte. Dann rief sie mich zu sich.
„Das Geschäft ist abgeschlossen", erklärte sie mir.
Ich nahm mir wieder ein paar Kondome. Mein Herz klopfte dabei.
Nun verschwand ich mit Pascal in einem der Zimmer und machte die Nummer mit ihm, die ich mit den anderen Kunden auch machte. Aber ich hatte ihm gegenüber ein ganz anderes Gefühl. Es war nicht so wie bei einem normalen Kunden.
Als wir fertig waren, redeten wir über ganz private und intime Dinge und kuschelten miteinander.

„Ich verstehe nicht, wie dein Mann so etwas von dir verlangen kann“, wunderte sich Pascal.
„Das darf ich eigentlich nicht mit dir besprechen“, erklärte ich. „Ich bin hier, um zu arbeiten.“
„Aber ich merke doch, dass du unglücklich bist“, rief Pascal.
Das ließ sich nun wirklich nicht abstreiten. Ich war wirklich ganz verstört über Lukas' Verhalten. Und ich war auch verwirrt, wie gerne ich plötzlich Pascal mochte. Er versuchte, mich zu verstehen und sich in mich hineinzuversetzen. Das rührte mich total, und ich fühlte mich richtig geborgen.
Pascal sah mich lange an. Dann umarmte er mich liebevoll.
„Trenn dich von deinem Ehemann, damit wir zusammen sein können“, schlug er mir vor.
Ab diesem Moment wusste ich, dass es schwer sein würde, die Rolle der Juliana weiter einzuhalten. Meine private Jenny meldete sich plötzlich als ganz normale Frau. Ich wollte Kontakt zu Pascal haben, wollte mich mit ihm treffen und wieder mit ihm reden. Das aber ist in dieser Branche streng verboten.

„Kunden sind Kunden, sie im Privatleben wiederzusehen, ist tabu", erklärte ich Pascal. Dabei machte es mich selbst sehr traurig. Ich wollte ihn auch so gerne weiter treffen und eine ganz normale Beziehung zu ihm haben. Aber das ging eben nicht.

Auch Pascal war unglücklich.

„Bitte nimm wenigstens meine Handynummer", bat er mich. Das tat ich, und ich war froh darüber.

Aber ich hatte auch Angst, dass mein Fehlverhalten irgendwann herauskommen würde.

Später, als Pascal gegangen war, redete ich mit den anderen über ihn.

„Der hat ganz schön Kohle", wussten sie zu erzählen. „Er ist finanziell ziemlich unabhängig und verdient gut."

Das fand ich an ihm sehr sympathisch: Er verdiente sein eigenes Geld und ließ sich nicht wie mein Mann aushalten.

– – – –

Dann kehrte ich zu Lukas zurück.

„Na, wie war der Typ?", wollte er wissen.

Ich weiß nicht, ob er es aus Eifersucht oder aus Neugierde wissen wollte.

„Die anderen erzählen über ihn, dass er ziemlich viel Kohle hat", berichtete ich ihm. Das interessierte Lukas sofort, und er roch gleich seinen Vorteil.
„Vielleicht ist dieser Typ ein guter Geldgeber", überlegte er. „Frag ihn doch mal, ob er dir nicht was gibt?"
Ich winkte ab, doch Lukas ließ nicht locker. „Sei ehrlich, Jenny. Wir sind zwei Monatsmieten im Rückstand. Der Vermieter will sein Geld, alles ist schwierig. Und sooo viel hast du bis jetzt auch nicht verdient! Wir haben immer noch genug Schulden."
Lukas redete und redete.
„Schreib dem Typen doch mal eine SMS. Vielleicht leiht er dir ja ein bisschen Knete", redete er weiter auf mich ein.
Schließlich schaffte er es, mich zu überzeugen.
Ich nahm mein Handy und schrieb Pascal eine SMS.
„Hallo Pascal, ich bin's, Jenny. Ich wollte dich fragen, ob du mir vielleicht ein bisschen Geld leihen könntest. Wir sind im Moment etwas knapp bei Kasse, aber du kriegst es zurück. Liebe Grüße, Jenny."

Dann schickte ich die SMS an Pascal.
Er ging aber nicht darauf ein.

– – – –

Dann passierte eine Sache, die unglaublich peinlich für mich war.
Lukas, dieser gemeine Verräter, rief plötzlich meinen Vater an. Er heulte am Telefon und spielte den armen betrogenen Ehemann.
„Weißt du, was deine Tochter macht?“, jammerte er. „Sie geht anschaffen.
Sie arbeitet in einer Bar als Prostituierte.“
Das war unglaublich.
Lukas und ich hatten uns so fest versprochen, niemandem davon zu erzählen, und jetzt verpetzte er mich so einfach an meinen Vater.
Ausgerechnet an ihn!
Es war so gemein. Er wollte doch, dass ich das Geld verdiene. Er brauchte es ja auch und gab es mit vollen Händen aus. Gleichzeitig tat er so, als wenn ihn diese Arbeit so belasten würde. Aber wenn es drauf ankam, schickte er mir Kunden direkt ins Zimmer.
Im Grunde genommen wollte er nur sein Gewissen reinwaschen, wollte so tun, als sei ich an allem schuld.

Mein Vater und seine Frau – mein Vater war inzwischen wieder verheiratet, und wir hatten einen lockeren Kontakt miteinander – kamen tatsächlich an dem Abend vorbei, um mit mir zu reden.
„Du solltest so etwas nicht machen", sagte mein Vater, und Gott sei Dank war er dabei ganz ruhig und freundlich.
„Denk auch daran, dass man dir dafür die Kinder wegnehmen könnte", erinnerte mich seine Frau.
Ich war richtig geschockt, dass sie alles wussten, und schämte mich in Grund und Boden. Dann versprach ich den beiden, mit dieser Sache aufzuhören. Als sie gegangen waren, rannte ich auf Lukas zu.
„Spinnst du, mich so ins offene Messer laufen zu lassen!", schrie ich ihn an. „Wir hatten verabredet, dass wir es niemandem erzählen. Ich schäme mich schon genug für das, was ich tue. Da musst du das nicht auch noch herumerzählen."
Ich dachte nun immer mehr daran, die Arbeit aufzugeben.

– – – –

Einige Zeit später redete ich mit meiner Kollegin Jacqueline und erzählte ihr von meinem privaten Kontakt zu Pascal. Ich sagte ihr, dass ich ihm eine SMS geschrieben hatte. Aber schon eine SMS galt als privater Kontakt und war somit streng verboten.
Diese gemeine Verräterin hatte nichts Besseres zu tun, als es meiner Chefin weiterzuerzählen.
Diese kam daraufhin wutentbrannt in unsere Wohnung und machte mir eine Szene wie aus einem Hollywoodstreifen.
„Was fällt dir ein! Wenn du dich jetzt privat auf meine Kunden einlässt und sie auch noch nach Geld fragst, nimmst du mir die ohnehin schon wenigen Kunden weg!", schrie sie. „Du brauchst dich in der Bar nicht mehr sehen zu lassen."
Ich versuchte, mich zu rechtfertigen, doch sie hörte gar nicht zu. Diesen Verlust eines gut zahlenden Kunden, der sich in eine ihrer Frauen verliebt hatte, wollte sie einfach nicht dulden.
Das war es dann also!
Da ich ja sowieso aus diesem Milieu herauswollte, kam mir der Rausschmiss eigentlich

sehr gelegen. Dann brauchte ich wenigstens nicht mehr auf diese Art und Weise mein Geld zu verdienen.

– – – –

Aber ich hatte meine Rechnung ohne Lukas gemacht. Er brauchte nach wie vor Geld, und Lust, selbst zu arbeiten, hatte er nicht. „Du kannst dich jetzt nicht einfach rausziehen!“, fuhr er mich an. „Wir brauchen das Geld. Stell dich doch nicht so an. Es ist doch keine schwere Arbeit, die du da machst.“ Er überlegte. „Ich rede mal mit Sandra“, sagte er dann. „Vielleicht weiß sie ja etwas anderes für dich.“
Das war wieder typisch für ihn! Einerseits tat er so, als wenn ihn meine Arbeit so schrecklich belasten würde, andererseits war er heiß auf mein Geld.
Ich hätte mich im Grunde schon in dieser Zeit von ihm trennen müssen. Aber ich konnte es einfach nicht.
Lukas schaffte es immer wieder, mich einzuwickeln. Er versprach mir, sich zu bessern. Manchmal brachte er sogar Geschenke mit. So ließ ich mich dann oft umstimmen.

Lukas redete tatsächlich mit Sandra. Die beiden überlegten gemeinsam, mich in eine andere Stadt zu schicken, damit ich dort weiterhin als Prostituierte arbeiten konnte. Und ich stimmte zu.

# EIN NEUER ARBEITSPLATZ

Schon am nächsten Tag sollte meine Arbeit weitergehen. Lukas hatte mit Sandra zusammen einen neuen Job für mich besorgt: In einem so genannten „Privathaus", das auch nichts anderes war als ein Bordell, sollte ich arbeiten. Das Haus lag ziemlich weit von meinem jetzigen Wohnort entfernt.
„Freu dich, dass Sandra diese neue Arbeitsstelle für dich gesucht hat", meinte Lukas. Dann fuhr er mich zu diesem Ort, lieferte mich in dem „Privathaus" ab und fuhr dann ziemlich schnell wieder zurück in unsere Wohnung.

----

Ich sah mich erst mal an meinem neuen Arbeitsplatz um. Es handelte sich um ein Bordell, das verschiedene Privatwohnungen besaß. Diese waren nur dazu gedacht, dass man sich hier mit seinen Kunden traf. Der Ort, in dem diese Wohnung lag, war

eine größere Stadt. Mehrere Straßen bildeten ein Rotlichtviertel, in dem diesem Gewerbe nachgegangen wurde.
Das Bordell bestand aus einigen mehrstöckigen Häusern mit einem Innenhof.
Sie waren schon alt und baufällig.
Über den Hof kamen die Kunden ins Treppenhaus, und damit auch zu den Wohnungen der Frauen.
Wir wohnten in 4- bis 5-Zimmer-Wohnungen, die wir uns zu zweit oder zu dritt teilten.
Meistens hatte jede Frau ein privates Zimmer, das sie für sich nutzen konnte und in dem sie auch schlief. Dieses private Zimmer konnte man sich selbst einrichten und musste es auch sauber halten.
Die „beruflichen" Zimmer waren mit einem Bett und einem Schrank ausgestattet. Dann gab es auch ein Badezimmer mit einer großen Badewanne mit Whirlpool, falls einer der Kunden auch baden und dort verwöhnt werden wollte.

– – – –

Als Lukas nach Hause gefahren war, musste ich sehen, wie ich alleine klarkam.

Zu meinem Glück verstand ich mich sofort gut mit meiner Chefin. Sie hieß Dunja. Dunja war nur etwas älter als ich und hatte sehr viel Erfahrung, weil sie den Beruf zwar mit Unterbrechungen, aber insgesamt schon sehr lange und intensiv ausgeübt hatte.
Wir unterhielten uns lange und merkten, dass wir einen guten Draht zueinander hatten. Noch heute verbindet uns eine Freundschaft. Dunja führte mich durch die Häuser und zeigte mir mein Zimmer. Dann half sie mir, es einzurichten.

– – – –

Im Anschluss daran rief sie eine Fotografin, die mir schon aus der Bar bekannt war. Sie sollte erste pornografische Fotos machen, die dann auf verschiedenen Seiten im Internet erscheinen sollten.
Auf diesen Internetseiten war von jeder Frau ein Profil zu sehen. Es waren Fotos eingestellt, darüber erschien ihr Name, der natürlich erfunden war. Dann gab es eine Darstellung zu dem Aussehen der Frau, die Dienstleistungen, die sie anbot, wurden hinzugefügt, und es gab eine Nummer, an die sich die Männer

oder potenziellen Kunden wenden konnten.
„Mach dich schick zurecht, und dann werden wir dich ins rechte Licht rücken", sagte die Fotografin zu mir.
Bei meinem ersten Shooting trug ich Dessous, einen dunkelgrauen BH mit passendem String. Meine Haare hatte ich vorher schön gewaschen und gestylt. Damals hatte ich lange dunkelbraune Haare, die mir bis zur Mitte des Rückens gingen.
Ich posierte auf dem Bett und an der Wanne, oder ich stellte mich einfach an die Wand.
Als die Fotos geschossen waren, suchten Dunja und ich die besten für die Homepage aus, und sie wurden noch am selben Tag veröffentlicht.
Nach der Freischaltung wurden die Fotos auch groß ausgedruckt und als Plakate vor die Wohnungstür gehängt.
Ging nun ein Kunde durch das Treppenhaus, konnte er sich unsere Fotos vor den Türen anschauen und sich ein Bild von uns machen.
So konnte er entscheiden, ob er an unserer Wohnungstür klingeln wollte.

– – – –

Und dann ging die Arbeit los.
Zunächst teilte ich mir die Wohnung mit zwei anderen Kolleginnen. Von ihnen hingen bereits Bilder an der Tür, meins war noch nicht fertig. Aber ich musste natürlich sofort mit dem Job beginnen.
Ich erfuhr schnell, wie die Arbeit hier ablief: Ein Kunde klingelte an der Tür, und eine von uns dreien öffnete. Der Mann stand nun an der Eingangstür. Wir kamen alle zu ihm, stellten uns vor ihm auf und präsentierten ihm unsere Namen und unsere Vorzüge. Dann entschied er, mit welcher Frau er aufs Zimmer gehen wollte.
Meine beiden Kolleginnen hießen Eva und Julia. Sie waren korpulentere Frauen mit langen, schwarzen Haaren.
Eva war drogenabhängig. Ihr Körper war übersät von Narben und Einstichwunden, und auch ihr Gesicht war sehr gezeichnet von den Drogen.
Eva und Julia präsentierten sich als dominante Frauen. Sie setzten hin und wieder Peitschen und Fesseln ein, um die Männer zu befriedigen, und es gab einige Männer, die genau diese Wünsche hatten.

Ich bekam den Namen Gisèle. Wieder verkörperte ich, wie auch schon vorher, eine unschuldige, junge Frau, die ihre sexuellen Grenzen aufspüren wollte.

- - - -

Vom Aussehen und auch vom Wesen her gab es zwischen uns kaum Konkurrenz. Eva und Julia stachen mit ihrer Dominanz hervor, und ich mit meinem devoten, sprich unterwürfigen Verhalten war genau das Gegenteil. Schnell bemerkte ich den großen Nachteil der Arbeit in diesen Privatwohnungen. In der Bar bestand nämlich die Möglichkeit, den Kunden zunächst durch ein Gespräch kennenzulernen, mit ihm zusammen etwas zu trinken und sich zu unterhalten.
Hier ging es gleich zur Sache.
Der Kunde kam, suchte sich eine Frau aus und wollte dann schnellen Sex. Er kam nur, um seine Bedürfnisse zu befriedigen und verschwand dann wieder. Zu einer Unterhaltung kam es nie, schon gar nicht zu einem engeren Kontakt.
So war diese Art Prostitution richtige Fließbandarbeit. Kaum ein Kunde interessierte

sich für mich persönlich, für meine Gedanken und meine Meinung. Ich zählte für sie als Sexobjekt – das war alles.
Aber die Arbeit war nicht nur schrecklich. Ich lernte auch hübsche und attraktive Männer kennen, und mit denen zusammen zu sein, war manchmal auch schön.

– – – –

Mein Mann war nebenbei immer präsent für mich, auch wenn er weit weg wohnte. Mehrfach am Tag rief er mich an.
„Wie viel hast du heute verdient?", lautete immer seine erste Frage. „Wie viele Kunden hattest du?"
Dann versuchte er auch oft, sich in meine Arbeit einzumischen, oder er spielte den eifersüchtigen Ehemann.
„Hast du dir mal die Seite im Internet angeguckt? Da stehen Sachen, die so nicht mit mir abgesprochen waren", meinte er zum Beispiel.
Bla, bla, bla.
Nach diesen Gesprächen ärgerte ich mich immer furchtbar. Er mischte sich ein, versuchte, im Hintergrund die Fäden zu ziehen,

machte aber selbst keine Anstalten, Arbeit zu finden. Trotzdem gab er natürlich mein verdientes Geld weiter mit vollen Händen aus.

– – – –

Vier Wochen hintereinander blieb ich in dieser Wohnung. Ich arbeitete in dieser Zeit auch am Wochenende und konnte darum nicht nach Hause fahren. Lukas kam einmal in der Woche zu mir, holte das verdiente Geld ab und ließ mir nur das nötigste.
„Du weißt, wie dringend wir das Geld brauchen", erklärte er mir dann. „Die Miete muss bezahlt werden, die Telefonrechnung ist gekommen, der Kühlschrank ist leer."
Immer wieder gab es einen Grund, warum er wieder Geld nötig hatte.
Ich ließ mich immer wieder einwickeln und gab es ihm.
Immerhin wusste ich, dass er die Kinder gut versorgte.

– – – –

Manchmal wurde ich ausgesucht, Männer in ihren privaten Häusern zu besuchen. Das war oft sehr spannend.

Ich kann mich z.B. noch genau an einen besonders schönen Hausbesuch erinnern: An einem Freitagabend rief ein Mann an. Meine Chefin nahm das Telefonat entgegen.
„Kann ich bitte Gisèle sprechen?“, fragte der Anrufer.
„Ja, ich kann sie Ihnen gerne geben“, antwortete meine Chefin.
Dann winkte sie mich zu sich und reichte mir den Hörer.
„Hier ist Gisèle, was kann ich für dich tun?“, stellte ich mich höflich vor.
„Mir ist deine Internetseite aufgefallen, und ich hätte großes Interesse, dass du mich für ein paar Stunden in meiner Wohnung besuchen kommst“, antwortete der Unbekannte.
Ich war einverstanden und verabredete mich mit ihm.
Dann besprach ich alles mit Dunja.
Normalerweise ist es ja gefährlich, zu einem Fremden in die Wohnung zu gehen.
Aber bei Dunja gehörten Hausbesuche mit zum Angebot, und sie wurden gut bezahlt.
Dunja versuchte, das Risiko für uns so gering wie möglich zu halten. Sie und ihr Freund begleiteten uns deshalb immer. Sie brachten

uns in die Wohnung, kassierten dann ab und warteten so lange im Auto vor dem Haus, bis wir wieder hinauskamen.
So war das Risiko, dass einem etwas passierte, nicht so hoch.
Diesen Kunden kannte sie auch schon, und sie wusste, dass er freundlich zu mir sein würde.

- - - -

Zunächst fuhr sie mich zur abgemachten Uhrzeit zu dem Haus des Kunden. Sie klingelte bei ihm, kassierte das Geld und ließ mich dann die Wohnung betreten.
Der Mann war um die 40 und sehr attraktiv. Er verstand es, Frauen etwas Gutes zu tun. Auch erkannte er gleich, dass ich noch nicht lange in diesem Bereich arbeitete. Da er häufiger Frauen aus unserem Haus bestellte, hatte er auf der Internetseite gleich bemerkt, dass ich neu war.
Ich war sehr beeindruckt, dass er mich „gemietet" hatte. Er behandelte mich überhaupt nicht wie eine Prostituierte, sondern wie eine ganz normale Frau, mit der er seinen Spaß hatte. Selbst als wir nachher zusammen

in seinem Bett lagen, unterhielten wir uns noch eine ganze Weile.
Ich war eineinhalb Stunden in dieser Wohnung. Dann verließ ich sie wieder und begab mich zurück ins Auto.

– – – –

Das Zusammenleben mit Eva und Julia wurde immer schwieriger. Von meinen anderen Kolleginnen erfuhr ich, dass sie wie die Raben klauten, und das musste ich dann zu meinem Leidwesen selbst miterleben. Mal verschwand eine teure Haarpackung, mal andere Sachen, die ich gerne hatte. Aber da wusste ich mich dann auch durchzusetzen und die Sachen wieder einzufordern.
Dann, eines Tages, waren Eva und Julia plötzlich verschwunden. Ich weiß bis heute nicht, wo sie geblieben sind.

– – – –

Nun bekam ich eine andere Frau zugeteilt, mit der ich mir die Wohnung teilen sollte. Sie war sehr dünn und noch sehr jung. Deshalb war sie diejenige, die viel mehr Kunden als ich abbekam.

Das machte mich traurig, denn ich verdiente nun deutlich weniger als vorher.
„Es hat alles keinen Sinn! Was soll ich hier! Ich höre jetzt auf!“, dachte ich immer wieder. Ich sehnte mich so nach meinen Kindern, Freunden, nach meinem Vater und meinen Geschwistern, ja sogar nach Lukas.
„Ich mache das hier nicht mehr weiter“, sagte ich Lukas nun ganz klar. „Die Arbeit ist schrecklich, und Geld verdiene ich hier auch nicht mehr, seit dieses Mädchen mit mir die Wohnung teilt.“
„Mach das noch ein paar Wochen, zumindest so lange, bis wir die beiden ausstehenden Telefonrechnungen begleichen können“, sagte Lukas zu mir. Mittlerweile widerte mich jedoch selbst dieser Geldaspekt ungeheuer an. Im Grunde wusste ich ja, dass es nicht um die Telefonrechnungen ging. Mein Geld ging für alles Mögliche drauf, was sich mein Mann so kaufte. Unserem Familienunterhalt diente es kaum.

– – – –

Ich hatte also immer weniger Lust auf dieses Leben, und ich versuchte alles, um so wenig

wie möglich arbeiten zu müssen. Ich entschied mich, nur noch den Männern die Tür zu öffnen, die ich selbst attraktiv fand und auf die ich Lust hatte.
Bei uns gab es vor der Wohnung eine Kamera, die ein Bild des Kunden auf einen kleinen Fernseher im Wohnzimmer projizierte. Auf die Weise konnte man immer gut erkennen, wer vor der Tür stand.
Ich wurde mit der Zeit so egoistisch, dass ich nur noch bei äußerst attraktiven Männern die Tür öffnete. Entsprach ein Kunde nicht meinen Vorstellungen, blieb ich einfach sitzen und schickte meine Kollegin vor.
„Ich möchte zu Gisèle“, hörte ich die Männer sagen.
„Gisèle ist nicht da“, erwiderte meine Kollegin.
Dass sie die Männer für mich abwimmelte, fand ich sehr nett von ihr.

– – – –

Immer wieder erkundigte sich mein Mann bei meiner Chefin danach, wie meine Arbeit verlief. Er wollte immer wissen, wie viele Kunden ich hatte.

Dann rechnete er sich sofort aus, wie viel Geld ich verdient hatte.
„Jenny öffnet oft gar nicht mehr die Tür und macht sich auch nur noch selten hübsch zurecht, damit sie keine Arbeit mehr bekommt", richtete Dunja meinem Mann aus. Das ärgerte ihn natürlich sehr. Er hatte nun Angst, nicht mehr genug Geld zur Verfügung zu haben. Darum rief er mich an und versuchte immer wieder, mir ein schlechtes Gewissen zu machen.
„Du musst dich zurechtmachen, sonst kriegst du nie genug Kunden, und wir können die Rechnungen nicht bezahlen", warnte er mich. Außerdem versuchte er, mich gegen meine Chefin aufzuhetzen.
„Nimm dem Kunden mehr Geld ab, und gib Dunja nur das, was ihr abgemacht habt", riet er mir.
Ich ließ mich aber nicht von Lukas einwickeln. Erst recht belog ich meine Chefin nicht. So was kommt doch nur raus, und dann hat man viel Ärger am Hals.
Dunja hatte Verständnis dafür, dass ich nicht einfach einen Kunden nach dem anderen abfertigen konnte.

Übrigens bin ich heute noch mit ihr befreundet, und sie sagte mir auch nach meinem Ausstieg, dass es kaum so eine ehrliche Frau in dem Gewerbe gegeben hatte, wie ich eine war.

# ICH WILL RAUS

Lukas wollte natürlich nicht, dass ich mit der Arbeit aufhöre.
„Wenn du nicht mehr in diesem Privathaus sein willst, solltest du vielleicht wieder in einer Bar arbeiten“, schlug er mir vor. „Vielleicht macht dir das mehr Spaß, und du kannst da viel mehr Geld verdienen.“
Ich überlegte eine Weile, war dann aber damit einverstanden.
Über eine Stellenanzeige im Internet fand ich eine Bar, die Frauen für diese Dienste suchte. Diese Bar lag dichter an meinem Heimatort. Das machte mich froh, denn dann würde ich die Möglichkeit haben, häufiger nach Hause zu fahren und meine Kinder zu sehen.
So fuhr ich mit Lukas zu der Bar, stellte mich vor und wurde auch sofort genommen.

– – – –

In dieser Bar arbeiteten mit mir sieben andere Frauen.

Hier war jedoch alles anders als in der Bar von Sandra. Wir mussten nämlich die Männer ansprechen und damit die Initiative ergreifen. Wir mussten uns zu den Kunden setzen, sie umgarnen und sie dazu bringen, mit uns zusammen zu trinken. Die Getränke kosteten viel Geld.
Es gab natürlich auch Zimmer, in denen man dann mit den Männern verschwinden konnte, aber hauptsächlich lebte die Bar vom Umsatz mit den Getränken.
Wir mussten in Dessous rumlaufen oder trugen netzartige kurze Kleider.
Wenn sich die Männer an die Bar setzten, gesellten wir uns dazu, machten Komplimente und umschmeichelten sie.

– – – –

Diese Arbeit fiel mir schwer.
Männer anzuquatschen und sie zum Geldausgeben zu motivieren, war überhaupt nicht meine Art. Dazu war ich einfach zu schüchtern.
Eine Kollegin konnte das im Gegensatz zu mir besonders gut, ich nenne sie mal Amelie. Sie hatte schwarze, schulterlange Haare und

war sehr schlank. Sie verstand es sehr gut, sich mit den Männern zu unterhalten. Sie fühlten sich immer gleich von ihr angezogen und von ihr verstanden.
Aber auch ich merkte schließlich, welche Wirkung ich weiterhin auf Männer hatte.
Da es mir schwerfiel, Kunden anzusprechen, verhielt ich mich weiterhin eher zurückhaltend und verließ mich darauf, dass die Männer den Anfang machten. Doch auch das klappte ganz gut. Vor allem zwei Gäste waren ziemlich hinter mir her. Der eine hieß Marc, der andere Tim.
Die beiden waren miteinander befreundet.
Sie kamen eines Abends kurz bei uns vorbei, tranken etwas und unterhielten sich mit mir.
„Wir wollen beide mit dir aufs Zimmer gehen“, sagten sie mir. „Aber wir haben nicht genug Kohle dabei.“
„Ohne Geld geht es aber leider nicht“, lachte ich.
„Dann gehen wir eben zur Bank“, versprachen sie. „Wir sind gleich zurück.“
Dann verließen sie kurz darauf die Bar.
Ich sah, dass sie in die benachbarte Disko gingen.

Typische Männer, erst Versprechungen machen und dann abhauen.

– – – –

Da nicht mehr viel zu tun war, legte ich mich für eine Stunde aufs Ohr. An die beiden Typen dachte ich gar nicht mehr. So viele Kunden sagen, dass sie bald wiederkommen, und man wartet dann vergeblich.
Auf einmal stürzte meine Kollegin ins Zimmer und weckte mich.
„Jenny, mach dich zurecht", rief sie. „Da draußen sind zwei Typen, die fragen nach dir – nur nach dir!"
Ich stand schnell auf und machte mich fertig. Als ich den Barbereich betrat, erkannte ich die beiden Typen wieder: Marc und Tim!
„Eigentlich wollen wir beide mit dir aufs Zimmer", erklärte Marc. „Aber ich lasse Tim den Vortritt!"
Ich fand das irgendwie witzig.
Jetzt sah meine Kollegin, dass sich gleich zwei Männer mit mir unterhielten und setzte sich dazu. Sie schleppte Marc ab, ich dagegen ging mit Tim aufs Zimmer.
Tim war auf seine Art sehr liebenswürdig.

Er gefiel mir.
Nachdem wir Sex gehabt hatten, redeten wir noch ein bisschen miteinander.
„Ich habe mich in dich verknallt", sagte Tim. „Und ich könnte mir vorstellen, eine Beziehung zu dir zu haben!"
„Ich darf in meinem Leben außerhalb dieser Bar keine Beziehung haben", erwiderte ich. „Ich bin nämlich verheiratet."
„Und dein Mann lässt zu, dass du hier arbeitest?", entgegnete Tim verwundert.
„Darüber denke ich auch die ganze Zeit nach", meinte ich.
Dann ging Tim.

----

In den darauffolgenden Wochen wurde ich krank. Es war eine Krankheit, die mit diesem Beruf zu tun hat. Man bekommt nämlich nach und nach immer stärkere Schmerzen im Unterleib und in der Scheide.
So war das auch bei mir.
Mein Unterleib tat schrecklich weh, und meine Scheide brannte. Es wurde richtig schrecklich für mich, wenn ich mit einem Kunden aufs Zimmer gehen sollte.

Ein paar Wochen später kam Marc noch einmal vorbei. Die ganze Zeit über redete er von Tim, der sich wohl tatsächlich in mich verknallt hatte.
Als ich mit Marc im Zimmer verschwand, merkte der sofort, dass mit mir etwas nicht stimmte.
„Was ist mit dir?“, fragte er erschrocken.
Ich erzählte ihm von meinen Schmerzen, und er hatte unheimlich Mitleid mit mir.
„Du musst mit diesem Job aufhören!“, riet er mir.
Wir redeten ganz viel miteinander, und Marc verzichtete darauf, Sex mit mir zu haben.
Das fand ich wirklich nett von ihm.

– – – –

Abends rief Lukas an.
„Wie viele Kunden hattest du heute?“, fragte er sofort.
Das war ja schon seine Standardfrage.
„Zwei“, log ich, obwohl ich ja nur einen gehabt hatte.
Lukas meckerte sofort.
„Wann willst du eigentlich mit genug Geld nach Hause kommen?“, fragte er mich.

„Wenn du so weitermachst, schaffst du das nie!“
Das war eine richtige Schweinerei!
Ich spürte eine riesige Wut in mir aufsteigen.
Er bekam seinen Arsch nicht hoch, und mir machte er andauernd Vorwürfe.
„Ich bin im Moment krank und habe furchtbare Schmerzen“, versuchte ich, mich zu rechtfertigen.
Dann sah ich aus den Augenwinkeln, wie die Bar sich langsam füllte. „Ich muss jetzt aufhören!“
Dann legte ich auf.
Ich ging nun in die Bar zurück und setzte mich zu den Männern, die neu gekommen waren.
Plötzlich fiel mir auf, dass meine Chefin telefonierte. Dann winkte sie mich zu sich.
„Dein Mann hat mich gerade angerufen“, erklärte sie mir.
Ich starrte sie fassungslos an.
„Mein Mann?“, wunderte ich mich. „Dich? Warum?“
„Er wollte von mir wissen, ob du wirklich zwei Kunden gehabt hast“, erklärte meine Chefin.

„Und was hast du gesagt?“, fragte ich ängstlich.
„Ich habe ihm keine Auskunft gegeben“, meinte meine Chefin. „Ich finde, das geht ihn überhaupt nichts an.“
Nun kamen auch andere Kolleginnen und hörten bei dem Gespräch zu.
„Dem Typen würde ich echt einheizen!“, rief eine.
„Trenn dich von diesem Mann“, riet mir eine andere.
„Ich würde meinem etwas erzählen, mir so derart hinterhältig nachzuspionieren“, regte sich eine dritte Kollegin auf.
„Der hat sie nicht mehr alle!“, rief eine weitere.
Natürlich hatten sie Recht, und ich fühlte mich in meinem Ärger bestätigt.

– – – –

Was sollte ich nun machen?
Man sagt immer so leicht: Trenn dich doch!
Irgendwie war ich aber immer noch abhängig von Lukas. Er musste mich abholen, er hatte die Kinder, und außerdem waren wir verheiratet.

Ich hatte die Vorstellung, dass man in einer Ehe unter allen Umständen zusammenhalten muss. Aber irgendwann schaut man der Wahrheit ins Gesicht und sieht plötzlich, dass es in dieser Beziehung keinen Respekt und keine Wertschätzung mehr gibt. „Wo ist die Liebe geblieben?“, fragt man sich dann. Immerhin war ich über den Kontrollanruf so wütend, dass ich Lukas anrief, um noch einmal mit ihm zu reden.
„Hol mich bitte sofort ab!“, forderte ich ihn auf. „Ich mach das hier keine Minute länger. Alles tut mir weh.“
Was mir dann zu Ohren kam, zeigte mir seine ganze Gefühllosigkeit und Gleichgültigkeit mir gegenüber.
„Du hast noch vier Stunden zu arbeiten, dann hole ich dich“, sagte er. „Bring doch endlich mal zu Ende, was du begonnen hast!“
„Was fällt dir ein, mich so zu behandeln!“, schrie ich ihn an.
So ging das hin und her.
Lukas wollte eben nicht, dass ich mit meinem Job aufhörte.
Er lebte von meinem Geld ganz gut.

Er feierte Partys, und immer waren viele Leute bei uns eingeladen.
Auch ein teures Auto leistete er sich.
Kein Wunder, dass das Geld hinten und vorne nicht reichte.
Unter Tränen legte ich auf.
„Was hat dein Mann gesagt? Holt er dich jetzt ab?“, wollte meine Chefin wissen.
„Nein, ich soll jetzt noch ein paar Stunden durchhalten“, erklärte ich ihr.
Sie war richtig aufgebracht. „Wenn du zu Hause bist, dann nimm deine Kinder, und trenne dich von diesem Mann“, sagte sie mir.
Aber ich wusste ja gar nicht, wohin ich dann gehen sollte.
Ich half noch ein bisschen in der Bar, schloss sie dann und wartete auf Lukas. Gegen 5.00 Uhr morgens kam er dann endlich.
Ich hatte meine Sachen schon gepackt, setzte mich ins Auto, und wir fuhren nach Hause. Endlich!

# DIE TRENNUNG

Zu Hause setzte ich mich an den Tisch und erklärte Lukas in aller Deutlichkeit: „Ich sage es dir ganz klar: Nie wieder werde ich in diesem Gewerbe arbeiten."
Nach kurzer Zeit kehrte der Alltag wieder bei uns ein.
Auch die Beschwerden in meinem Unterleib ließen schnell nach.
Ich freute mich so sehr, die Kinder wieder um mich zu haben. Wir unternahmen viel miteinander, und auch so schien es, als wenn der Zusammenhalt in der Familie wieder hergestellt wäre.

----

Nach ein paar Wochen fand ich einen Job in einem Callcenter. Aber nicht für irgendwelche Sexhotlines, es war ein ganz normaler Dienstleistungsbetrieb.
Unsere Geldprobleme waren aber immer noch gegenwärtig. Mein Mann arbeitete

natürlich immer noch nicht und unternahm auch nichts, um eine Arbeit zu finden. Dabei warf er aber immer noch das Geld mit beiden Händen zum Fenster heraus. So versuchte Lukas immer wieder, mich zum Anschaffen zu überreden.

Aber dieses Mal blieb ich hart und stur. Keine Macht der Welt würde mich wieder in das Rotlichtmilieu zurückbringen.

Die Arbeit im Callcenter widerte mich nach einer Zeit aber auch an. Ich musste pausenlos Leute anrufen und ihnen Produkte aufschwatzen, von denen ich wusste, dass sie Betrug waren. So hörte ich dort nach kurzer Zeit wieder auf.

Ein paar Wochen später las ich eine Stellenanzeige im Internet, in der ein Regalpacker gesucht wurde. Ich bewarb mich dort und wurde genommen. Die Arbeit war aber nur auf eine Woche begrenzt.

----

Kurz danach ereignete sich ein unangenehmer Zwischenfall.

Mein Mann war zu einer Geburtstagsfeier eingeladen worden. Er ging alleine, ich blieb

bei den Kindern, weil ich sowieso schon ahnte, dass es nur eine Saufparty werden würde.
Ich schlief in dieser Nacht tief und fest. Plötzlich stand meine Freundin, die zu der Zeit bei uns wohnte, neben mir und hielt mir den Telefonhörer entgegen.
„Hier, für dich!“, sagte sie. „Die Polizei ist am Apparat.“
Ich bekam einen riesigen Schrecken. Schnell riss ich den Hörer an mich und presste ihn an mein Ohr.
„Hier ist die Polizei“, hörte ich eine Männerstimme. „Spreche ich mit Jenny Federson?“
„Ich bin am Apparat“, sagte ich.
„Ihr Mann hat einen Autounfall verursacht und ist auf dem Weg zu Ihrer Wohnung“, erklärte der Polizist.
Ich war so geschockt, dass ich nichts nachfragte. Ich bedankte mich nur für die Auskunft und legte wieder auf.
Dann sah ich auf die Uhr. Es war halb sechs.
Kurze Zeit später kam Lukas in die Wohnung. Er war betrunken.
Ich war sehr aufgebracht und empfing ihn gleich sehr vorwurfsvoll.

„Was ist mit dem Auto?“, fragte ich ihn. „Wieso fährst du betrunken mit dem Wagen? Du bist doch noch in der Probezeit. Hast du immer noch nichts kapiert? Ich bin total enttäuscht.“
„Hast du nichts Besseres zu tun, als mir Vorwürfe zu machen?“, schrie mein Mann. „Dabei kennst du doch die Umstände gar nicht.“
„Die Umstände sind mir jetzt auch egal“, schnauzte ich ihn an. „Du verhältst dich einfach immer wieder wie ein Idiot.“
Mein Mann sagte jetzt gar nichts mehr, ließ sich ins Bett fallen und schlief wie ein Stein.
Ein paar Wochen später erfuhr ich von dem Typen, der seinen Geburtstag gefeiert hatte, dass er Lukas angeboten hatte, bei ihm zu übernachten. Er hatte bemerkt, dass mein Mann betrunken war, und wollte nicht, dass er noch Auto fuhr. Aber Lukas hatte das Angebot abgelehnt.
Darüber wurde ich dann nochmal richtig wütend.
Denn was danach folgte, waren wieder Geldprobleme ohne Ende: Das Auto hatte einen Totalschaden, der Prozess kostete Geld,

Lukas musste eine Strafe bezahlen, und der Führerschein wurde ihm abgenommen.

– – – –

In dieser Zeit war ich mehr als ratlos.
Ich musste einfach einsehen, dass sich meine Probleme nicht lösten, wenn ich weiter mit diesem Mann zusammenblieb. Er ließ sich nicht helfen, blieb uneinsichtig, und so wiederholten sich die Streitereien immer und immer wieder.
Das waren die Momente, in denen ich mich immer wieder fragte, was ich eigentlich noch für ihn empfand.
Liebte ich Lukas eigentlich noch?
Würde ich weiterhin die Kraft aufbringen, den Alltag mit ihm auszuhalten?

– – – –

Es kam nun immer häufiger vor, dass ich abends chattete. Da ich wegen der Kinder wenig ausging und mit Lukas nicht viel gemeinsam machte, hatte ich viel Zeit dafür.
In einem Chatroom lernte ich einen Mann kennen, der mir sofort total sympathisch war. Er schien genau das Gegenteil von Lukas zu

sein: Er war fleißig, machte mir Komplimente und achtete darauf, dass es mir gut ging.
Ich traf mich mit diesem Mann, und wir verliebten uns ineinander. Aber das machte alles natürlich noch komplizierter, weil ich ja noch verheiratet war. Mein Freund wusste von der Ehe, aber er drängte mich nicht, mich von Lukas zu trennen.
„Ich würde mich freuen, wenn du zu mir ziehst“, sagte er manchmal, aber er forderte nie, dass ich mich zwischen ihm und Lukas entscheide.
Nach langem Hin und Her entschied ich mich schließlich, bei meinem Mann auszuziehen. Zu groß waren meine Verletzungen in der Ehe gewesen, und es fiel mir einfach schwer, Lukas das alles zu verzeihen.
Allerdings wollte ich mich auch nicht direkt von einer Beziehung in die nächste stürzen und zog deshalb nicht zu meinem neuen Freund.

– – – –

Mein großes Problem waren meine Kinder. Ich wollte zu gerne, dass sie bei mir blieben. Da ich nicht wusste, wie ich das anstellen

sollte, redete ich mit einer Verwandten darüber. Es war eine Verwandte aus der Familie meines Vaters, zu der ich immer ein enges Verhältnis gehabt hatte.
„Rosa, ich habe beschlossen, mich von Lukas zu trennen", sagte ich zu ihr. „Aber ich will so gerne, dass die Kinder bei mir bleiben. Was meinst du?"
Rosa musterte mich lange.
„Ich glaube nicht, dass du die Kinder zugesprochen bekommst", sagte sie. „Schon allein wegen deiner Tätigkeit als Prostituierte in der Vergangenheit." Und dann fügte sie hinzu: „Ich finde es auch besser, wenn die Kinder bei Lukas bleiben. Sie mögen ihn sehr, und er war ja auch lange Zeit ihre einzige Bezugsperson, als du nicht da warst."
Ich schluckte. Dann wurde ich sehr traurig. Ich fühlte irgendwie, dass die Kinder es bei mir besser haben würden als bei Lukas. Eigentlich unternahm ich viel mehr mit ihnen, kümmerte mich um sie und gab mir Mühe, sie zu erziehen.
Aber Rosa verstand es schließlich irgendwie, mir die Kinder auszureden. Sie machte mir ein schlechtes Gewissen wegen meiner

Vergangenheit und wollte nicht wahrhaben, dass Lukas mich ja auch in diese Rolle gedrängt hatte. Auch wollte sie nicht sehen, wie chaotisch sein Leben im Grunde verlief.

- - - -

So trennte ich mich von Lukas und ließ die Kinder bei ihm, was mir damals sehr weh tat, und auch heute noch leide ich sehr darunter. „Ihre frühere Tätigkeit als Prostituierte ist kein Grund, Ihnen die Kinder wegzunehmen", erklärte mir das Jugendamt später, als ich es wagte, ihnen von meiner Vergangenheit zu erzählen. Das erleichterte mich sehr. Zum Zeitpunkt der Scheidung wusste ich jedoch noch nichts davon. Damals wagte ich nicht, danach zu fragen, weil ich Angst hatte, meine Kinder gar nicht mehr sehen zu dürfen.
Ich verhandelte mit Lukas hin und her. Wir verzichteten auf einen Anwalt und einigten uns schließlich darauf, dass wir beide das Sorgerecht für die Kinder bekommen, sie aber weiter bei Lukas wohnten. Ich sehe sie alle 14 Tage am Wochenende. Das ist oft schwer für mich.

Ich zog innerhalb von einem Tag mit meinen verbliebenen wenigen Sachen zunächst in eine WG und suchte mir kurz darauf aber eine Ein-Zimmer-Wohnung, in der ich auch heute noch lebe. Mein Freund war oft bei mir. Auch zu meinem Vater und seiner Frau nahm ich wieder engeren Kontakt auf. Kurze Zeit später nahm ich mein Abitur wieder in Angriff. In der Schule komme ich gut zurecht. Auch habe ich hier ganz neue, gute Freunde gefunden.

– – – –

Meine Vergangenheit holte mich trotzdem nochmal ein: Als ich mich bei SchülerVZ einloggte, wo ich immer mal wieder mit anderen Schülern chattete, erwartete mich eine Nachricht:
„Hey, ich weiß, dass du alleine lebst, mit wenig Geld, und du eigentlich immer chronisch pleite bist. Allerdings weiß ich auch, was du im letzten Sommer gemacht hast. Ich könnte dir helfen, wieder Geld zu verdienen. Du würdest eine eigene Wohnung bekommen, dein eigenes Gebiet sozusagen … Was hältst du davon?"

Ich kriegte einen riesigen Schrecken.
Wer war der Typ? Woher kannte er meine Vergangenheit?
Dann wurde mir auch bewusst, dass ich tatsächlich große Geldprobleme hatte:
Die Schulden aus meiner Ehe, die Scheidung, der Umzug, das alles hatte viel Geld gekostet.
Aber ich war fest entschlossen: Ich würde nie mehr mit dieser Branche etwas zu tun haben.
„Hier, schau dir mal diese E-Mail an", vertraute ich mich Rosa einige Tage später an.
Sie las die Mail durch und war entsetzt.
„Geh damit zur Polizei, und erstatte Anzeige gegen Unbekannt", empfahl sie mir.
„Vielleicht finden die heraus, wer sie geschrieben hat."
Das tat ich dann auch.
Da sie aber nichts herausfinden konnten, wurde das Verfahren eingestellt.
Ich vermute, dass mein Ex-Mann hinter dieser Mail steckte, aber beweisen kann ich es nicht.

– – – –

Von Verwandten erfuhr ich später, dass mein Mann sich weiterhin nicht daran hielt, meine frühere Arbeit zu verheimlichen.

Auf einer Geburtstagsfeier seines Bruders hatte er doch tatsächlich den Verwandten unter Tränen erzählt: „Jenny geht anschaffen. Ich fühle mich so beschissen, und die Kinder vermissen sie so."
Alle waren ganz entsetzt. Natürlich war ich sofort bei seiner Familie unten durch.
Was er nicht erzählt hatte, war, dass er mich zu diesem Job immer wieder gedrängt hatte.
Als ich das erfuhr, packte mich noch einmal der große Hass auf diesen Typen. Wie verlogen er doch war! Und er schaffte es immer wieder, sich selbst als gut und mich als böse darzustellen.
Umso wichtiger war es dann für mich, mich nicht von meiner Vergangenheit einholen zu lassen.
Ich widerstand der Versuchung, schnelles Geld zu verdienen, und arbeitete nicht wieder in diesem Gewerbe.

– – – –

Mittlerweile bin ich mit meinem Leben wieder recht zufrieden.
Das Abitur geht gut voran.

Danach möchte ich Jura studieren. Auch meine Finanzen habe ich im Griff, ich lebe vom BAföG. Das ist zwar wenig, aber ich komme damit zurecht. Klar, ich könnte mehr Geld gebrauchen, aber zumindest habe ich in dieser Hinsicht meinem Ex-Mann etwas voraus, der immer noch faul auf seiner Haut liegt und weiterhin Schulden macht.
Ich habe auf der Schule auch einige Menschen kennengelernt, die mir in meinem neuen Leben sehr wichtig geworden sind. Vor allem weiß ich heute, dass mir keiner so viel geben kann wie meine Kinder, wenn sie bei mir sind. Ein Lächeln von ihnen, und ich weiß, was im Leben wirklich zählt.
Es ist nicht wichtig, überall beliebt zu sein oder ein schickes neues Auto zu fahren, sondern vielmehr jeden Tag aufs Neue daran erinnert zu werden, dass man geliebt wird mit all seinen Schwächen und Stärken.

– – – –

Die Arbeit an diesem Buch hat mir geholfen, zu mir selbst zu finden und meine Verletzungen und Enttäuschungen zumindest in Ansätzen zu verarbeiten.

Ich hoffe, ihr lest es mit der gleichen Energie, wie ich es geschrieben habe, und könnt mich vielleicht ein bisschen verstehen.

Liebe Grüße
Eure Jenny

K.L.A.R. reality

## Die autobiografischen Jugendromane

### Das echte Leben – von Jugendlichen für Jugendliche

Bei K.L.A.R. reality kommen Jugendliche selbst zu Wort. Ihre Lebensgeschichten handeln von Armut, Tod, Drogen und Aids und sind zu 100 Prozent autobiografisch. Die bewegenden Schicksale lassen einen so schnell nicht mehr los und können dabei als Orientierungshilfe für das eigene Leben dienen.

■ **Abgemixt**

*Hasan Taş, Annette Weber (Hg.)*

13–16 J., 128 S., 12 x 19 cm, Paperback
ISBN 978-3-8346-0731-7
**Best.-Nr. 60731**
**6,50 € (D)**/6,70 € (A)/10,50 CHF

■ **Abgestürzt**

*Marie Kaufmann, Annette Weber (Hg.)*

13–16 J., 120 S., 12 x 19 cm, Paperback
ISBN 978-3-8346-0576-4
**Best.-Nr. 60576**
**6,50 € (D)**/6,70 € (A)/10,50 CHF

■ **Gecastet**

*Elisabeth Erl, Petra Bartoli y Eckert (Hg.)*

13–16 J., 135 S., 12 x 19 cm, Paperback
ISBN 978-3-8346-0798-0
**Best.-Nr. 60798**
**6,50 € (D)**/6,70 € (A)/10,50 CHF

Verlag an der Ruhr

Postfach 10 22 51
45422 Mülheim an der Ruhr

Telefon 030/89 785 235
Fax 030/89 785 578

bestellungen@cornelsen-schulverlage.de
www.verlagruhr.de

Es gelten die Preise auf unserer Internetseite.